세계 문화 여행

프랑스
FRANCE

배리 토말린 지음 · 김경애 옮김

세계의 **풍습과 문화**가 궁금한
이들을 위한 **필수 안내서**

세계 문화
여행

프랑스

FRANCE

시그마북스
Sigma Books

세계 문화 여행 _ 프랑스

발행일 2021년 9월 10일 초판 1쇄 발행
지은이 배리 토말린
옮긴이 김경애
발행인 강학경
발행처 시그마북스
마케팅 정제용
에디터 김은실, 장민정, 최윤정, 최연정
디자인 김은경, 김문배, 강경희

등록번호 제10-965호
주소 서울특별시 영등포구 양평로 22길 21 선유도코오롱디지털타워 A402호
전자우편 sigmabooks@spress.co.kr
홈페이지 http://www.sigmabooks.co.kr
전화 (02) 2062-5288~9
팩시밀리 (02) 323-4197
ISBN 979-11-91307-73-3 (04900)
        978-89-8445-911-3 (세트)

이 책의 한국어판 저작권은 Kuperard Publishing an imprint of Bravo Ltd.와 독점 계약한 시그마북스가 소유합니다.
저작권법에 의하여 한국 내에서 보호를 받는 저작물이므로 무단전재와 무단복제를 금합니다.

파본은 구매하신 서점에서 교환해드립니다.

* 시그마북스는 (주)시그마프레스의 자매회사로 일반 단행본 전문 출판사입니다.

프랑스전도

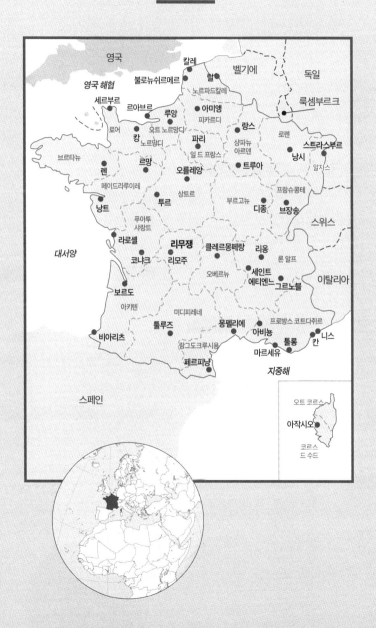

영국

영국 해협

칼레
릴
불로뉴쉬르메르
노르파드칼레
벨기에
독일
룩셈부르크

세르부르
르아브르
루앙
아미앵
피카르디
랑스
로렌
스트라스부르

로어
캉
노르망디
오트 노르망디
파리
일 드 프랑스
상파뉴
아르덴
낭시
알자스

브르타뉴
렌
르망
오를레앙
트루아

페이드라루이레
상트르
부르고뉴
프랑슈콩테

낭트
투르
디종
브장송
스위스

푸아투
샤랑트
대서양
라로셸
리무쟁
클레르몽페랑
리옹

코냐크
리모주
론 알프
이탈리아

오베르뉴
세인트
에티엔느
그르노블

보르도
아키텐
미디피레네
몽펠리에
아비뇽
프로방스 코트다쥐르

비아리츠
툴루즈
랑그도크루시용
마르세유
툴롱
칸
니스

페르피냥
지중해

스페인

오트 코르스
아작시오
코르스
드 수드

대서양

차   례

07 여행 이모저모

09 의사소통

08 비즈니스 현황

프랑스인은 '다르다'. 영어를 모국어로 사용하는 '앵글로색슨족'은 프랑스인이 그들과 다르다고 자주 말한다(프랑스인은 영어 원어민을 '앵글로색슨족'이라고 부르길 좋아한다). '다르다'는 표현은 매력 있고 도전적이며 비협조적이고 의문을 품으며 일을 처리할 때 나름의 방식을 적용하며 자신의 이익을 중시한다는 뜻이다.

그렇다면 프랑스인이 특별한 이유는 무엇일까? 그리고 외국인은 어떻게 하면 프랑스인과 잘 융화할 수 있을까? 무엇보다 분명한 것은 프랑스인은 자국의 역사와 언어를 바탕으로 한 남다른 국민적 정체성을 가지고 있다는 점이다. 프랑스는 세계 곳곳에 큰 영향력을 행사한 식민 강대국이었다. 또한 프랑스어는 17세기부터 19세기까지 국제 외교 언어로 사용되었다. 그리고 프랑스 혁명은 역사의 흐름에 큰 변화를 일으켰다. 무엇보다도 프랑스는 요리나 역사적 기념물뿐만 아니라 저명한 작가, 예술가, 작곡가, 과학자, 탐험가, 수학자를 배출한 문명화의 일등 공신이라는 큰 자부심을 안고 있다. 프랑스인 저자를 포함하지 않는 세계 문학작품 시리즈를 편찬하기 힘들고, 세계 어떤 나라도 프랑스만큼 문화적, 자연적으로 풍성함을 가지고 있는 곳은 없다. 프랑스가 지속해서 문화적 영향력을 행사할 수 있는 이유는 논리적 사고를 강조하고 철학적 가설을 추구하는 프랑스인의 면모에서 볼 수 있듯이 지식 분야에서 우위를 차지하고자 하는 끊임없는 노력의 결과이다.

프랑스는 세계 정세에 큰 영향력을 발휘하고 있으며 때로는 국제 여론에 맞서 자국의 이익과 위신을 지키려는 신중한 모습을 보이고 있다. 그들은 프랑스인이라는 것이 무엇을 의미하는지 끊임없이 질문하면서 그들이 다른 국민과 어떻게 다르며 어떤 본질적 우월성을 가지는지 증명하고 있다.

많은 외국인에게 프랑스인다움의 본질은 삶의 질에 대한 그들의 관심이라고 할 수 있다. 프랑스인이라면 본능적으로 언제 일이 끝나고 즐거움이 시작되는지 알고 있다. 그들은 일과 인생의 즐거움 사이의 균형을 절대로 무너뜨리지 않는다. 프랑스인이 일중독이 될 수도 있다는 착각은 동정 어린 시선으로 프랑스인을 지켜보는 이들에게 깊은 혼란을 초래한다.

『세계 문화 여행』프랑스 편은 프랑스인의 태도와 가치를 들여다보고 프랑스인의 삶과 비즈니스가 어떻게 이루어지는지 살펴보면서 외국인으로서 어떻게 그들의 삶에 잘 어울릴 수 있는지 제시한다. 이 책에서는 곤란한 상황을 피할 수 있도록 실용적인 조언을 제안하고 프랑스인의 방식으로 상황에 대처하면 어떤 결과를 얻을 수 있는지 보여준다. 프랑스의 역사, 축제, 전통에서부터 프랑스인의 집은 어떤 모습인지 알아보고 운전과 관련된 조언이나 레스토랑, 혹은 업무에 관련해서는 어떤 점을 알아두어야 하는지 다양한 내용을 싣고 있다. 프랑스인과 사랑에 빠진다면 어떨지는 여러분의 상상에 맡겨두도록 하겠다. 무엇보다도 프랑스인은 어떻게 소통하는지 알아보고, 가끔 대처하기 힘들 때도 있지만 매력 있고 훌륭한 프랑스인과 어떻게 좋은 관계를 만들 수 있는지 보여준다.

공식 명칭	프랑스 공화국	프랑스는 북대서양 조약기구(NATO)와 유럽연합(EU) 회원국이며 유엔안전보장이사회 상임이사국
인구	6,706만 명	
수도	파리	216만 1천 명
주요 도시	리옹, 마르세유, 릴, 툴루즈, 보르도	
면적	64만 3,801km²(대한민국의 약 6배)	서유럽에서 가장 큰 국가
지형	6각형 모양. 벨기에, 룩셈부르크, 독일, 스위스, 이탈리아, 스페인과 국경을 맞대고 있음	다양한 지형적 특성을 보유
기후	연중 온화한 기후. 지역에 따라 해양성, 대륙성, 지중해성, 산악 기후 등 다양함	
통화	유로(€)	2002년 1월 1일부터 사용
민족 구성	게르만족, 켈트족, 라틴족, 북아프리카 출신 등 다양한 민족으로 구성	인도차이나족과 바스크어를 쓰는 바스크족도 소수 거주
언어	프랑스어	바스크어, 브르타뉴어, 카탈루냐어, 프로방스어 등의 지역 방언이 존재함
종교	프랑스는 교회와 국가가 법적으로 분리된 국가	국민 대다수는 로마 가톨릭교도이며 그 외에도 이슬람교, 불교, 유대교 신자 등이 있음
정부	단일 공화국이며 다당제 민주주의 국가. 선거로 대통령과 수상을 선출. 상원과 하원인 국민의회의 양원제로 구성	프랑스는 100개의 데파르트망으로 구성. 96개 데파르트망은 프랑스 본토에 있으며 4개는 해외 영토
언론 매체	다수의 국영 라디오 및 텔레비전 채널과 다양한 상업 채널이 있음	국영 언론과 지역 언론으로 구성. 잘 알려진 신문은 「르몽드」, 「르 피가로」, 「리버레이션」 등
영어 매체	「르몽드」는 주 1회 「뉴욕타임스」가 제공하는 영어 증보판을 발행	

전압	110V, 220V	2구 어댑터 사용
전화	국가 코드 33	프랑스에서 해외로 걸 때 00을 누름
시간대	중부 유럽 표준시 사용(한국보다 8시간 느림)	매해 여름 서머타임을 실시하면 한국보다 7시간 느림

01

/

영토와 국민

프랑스는 서유럽에서 러시아 다음으로 가장 큰 국가다. 해외 영토와 코르시카섬을 포함한
프랑스의 총면적은 551,500㎢이다. 인구는 대략 6,700만 명에 달하지만 다른 유럽 국가와
비교했을 때 프랑스의 인구 밀도는 그다지 높진 않다. 인구의 약 80퍼센트는 주요 도시에 거
주하고 있고 15퍼센트는 시골 지역에 남아 있으며 지역 문화가 여전히 강하게 잔류하고 있다.

"달콤한 프랑스

사랑하는 내 어린 시절의 나라."

프랑스의 샹송 가수 샤를 트르네는 1943년 이렇게 노래했다. 그로부터 거의 80년이 흐른 지금까지도 프랑스의 부드러운 매력은 계속되고 있다.

지형

프랑스는 서유럽에서 러시아 다음으로 가장 큰 국가다. 해외 영토와 코르시카섬을 포함한 프랑스의 총면적은 551,500km^{2}이다. 인구는 대략 6,700만 명에 달하지만 다른 유럽 국가와 비교했을 때 프랑스의 인구 밀도는 그다지 높게 느껴지지 않는다. 인구의 약 80퍼센트는 주요 도시에 거주하고 있고 15퍼센트는 시골 지역에 남아 있으며 지역 문화가 여전히 강하게 잔류하고 있다.

프랑스는 지형적으로 다채로운 면모를 자랑한다. 북부와 동부에는 구릉지대와 평야가 있고 마시프상트랄 중앙고원은 중

알프스산맥의 최고봉인 몽블랑산

부에서 남부 산악지대로 이어지며 남동부의 지중해 낙원에
는 코트다쥐르 휴양지가 자리 잡고 있다. 동부에는 쥐라산맥
과 알프스산맥이 위치하고 서쪽으로 대서양이 흐르며 남서부
지역에는 피레네산맥이 위치하고 있다. 국토의 생김새가 육각
형을 이루고 있어서 프랑스인들은 자국 본토를 엑사곤, 라 프
랑스 메트로폴리텐, 라 메트로폴이라는 별칭으로 부르며 해외
영토 데파르트망DOM이나 해외 집합체TOM와 구분하기도 한다.

해외 데파르트망은 마르티니크, 과들루프, 프랑스령 기아나,
레위니옹의 네 곳이다. 해외 집합체는 인도양에 있는 마요트

프랑스 지중해 연안 동쪽에 있는 코트다쥐르 휴양지

섬, 남서태평양 멜라네시아에 있는 뉴칼레도니아, 태평양에 있는 월리스 푸투나 제도 및 프랑스령 폴리네시아, 프랑스령 남극 지역, 그리고 캐나다 남부의 생피에르 미클롱섬이 포함된다. 이같이 다양한 지역에 걸친 해외 영토와 해외 집합체는 프랑스가 식민지 시절 얼마나 세력을 넓게 확장했었는지 증명한다. 약 250만 명 이상의 프랑스인은 해외에 거주하고 있다. 그중 130만 명은 유럽에 살고 있으며 대략 50만 명은 미국과 캐나다에 살고 있다.

프랑스가 과거 자국의 식민지였던 국가들과 밀접한 관계를 유지하고 있다는 사실은 주목할 만하다. 북아프리카 지역의 알제리아, 튀니지, 모로코, 서아프리카 지역의 세네갈, 코트디부아르, 카메룬뿐만 아니라 인도차이나반도의 베트남, 라오스에 이르기까지 그 범위는 다양하다.

프랑스 본토에는 약 650만 명의 외국인이 살고 있고 그중 240만 명이 다른 유럽연합^{EU} 회원국 국민이다. 프랑스 인구는

전체 유럽연합 인구의 16퍼센트를 차지하고 있다.

　프랑스 본토 서쪽으로는 영국 해협La Manche(프랑스어로 라 망슈)과 대서양이, 남동쪽으로는 지중해가 위치하고 있다. 피레네산맥('불에서 태어남'을 뜻함)을 사이에 두고 스페인과 국경을 이루고 있으며 스위스, 이탈리아와 인접한 국경에는 알프스와 쥐라산맥이 있다. 동쪽의 라인강은 독일과 프랑스 사이의 국경을 따

파리의 상업용 수로인 센강

라 흐른다. 룩셈부르크, 독일, 벨기에와 국경을 두고 있는 북동쪽은 자연지물에 의해 국경이 분리되지 않은 유일한 지역이다. 프랑스의 자랑인 몽블랑산은 알프스산맥의 최고봉이며 유럽에서 가장 높은 산(4,867미터)이다.

강과 산은 마을이나 도시가 생겨나기에 좋은 요건을 제공한다. 프랑스에는 다섯 개의 큰 강fleuves(프랑스어로 플뢰브)이 흐르고 있다. 파리는 센강 중류에 자리 잡았다. 프랑스의 정원이라 불리던 루아르강은 300여 개의 르네상스 양식 고성들이 즐비하게 들어선 곳으로 잘 알려져 있으며 또한 16세기 프랑스 혁명의 중심지이기도 했다. 동쪽의 라인강은 프랑스 알자스 지역과 독일 남서부의 블랙 포레스트 사이를 흐르며 두 국가를 가로지른다. 이곳은 프랑스와 독일이 오랫동안 격렬한 영토분쟁을 계속했던 지역이기도 하다. 유럽연합의 입법기관인 유럽 의회가 있는 알자스 레지옹의 중심도시 스트라스부르는 이제 새로운 평화의 시대를 상징하게 되었다. 론강은 스위스에서 발원하고 제네바호로 유입하여 리옹에서 방향을 틀었다가 남부의 지중해로 흘러나간다. 마르세유는 지중해 연안의 삼각주에 위치한 항구도시다. 영어에서 마르세유는 s를 붙여 복수로 Marseilles로 쓰기도 하는데 프랑스인에게는 의문스러운 부분이기도 하다. 마지막으로 가론강은 스페인 북부에서 발원하여 프랑스 남서부 툴루즈를 관통한 뒤 북서쪽으로 물살을 돌려 대서양 방향으로 흐른다. 와인 산지로 유명한 보르도는 가론 강이 도르도뉴강과 만나 지롱드강으로 합류하기 전 지점에 있으며 지롱드강은 대서양으로 흘러나간다.

【도시】

프랑스의 6대 주요 도시는 북쪽에 있는 수도 파리를 비롯해 마르세유, 리옹, 툴루즈, 니스 그리고 낭트를 들 수 있다. 수도 파리의 인구는 200만 명 이상인 반면 파리 이외의 다른 대도시 인구는 100만을 넘지 않는다.

영국에는 40만 명의 프랑스인이 거주하고 있으며 그중 30만 명은 런던에 살고 있다. 이런 이유로 전 프랑스 대통령 사르코지는 런던을 프랑스의 다섯 번째 도시라는 별명으로 부르기도 했다.

【기후】

프랑스는 연중 온화한 기후를 자랑한다. 하지만 국토 면적이 넓고 다양한 지형적 특성을 가진 까닭에 남부 지중해 연안 지역은 여름철 혹서가 빈번하고 남동부 알프스 지역은 겨울철 강추위가 지속되기도 한다. 하지만 기본적으로 프랑스는 서부 대서양 인접 지역의 해양성 기후, 파리를 포함한 내륙과 동부의 대륙성 기후, 남부의 지중해 기후, 이 세 가지 유형을 가지고 있다. 북부와 서부 지역 기온은 멕시코 만류의 영향으로 큰 변화를 보이지 않는다. 예를 들어 파리의 1월 평균 최고 기온은 7℃, 7월과 8월은 25℃가량이다.

반면 남부지방은 기온 차가 더 크다. 겨울엔 온화한 반면 여름엔 견디기 어려울 만큼 덥고 건조할 때도 있으며 가뭄과 산불도 잦은 편이다. 따라서 프랑스를 여행하기 가장 좋은 시기는 5월, 6월, 9월, 10월이다.

【 미스트랄 】

특히 주목할 만한 기후 현상은 겨울과 봄에 걸쳐 부는 강하고 찬바람인 '미스트랄'로 프랑스인들의 감정에 큰 영향을 미친다. 미스트랄은 프랑스 전역에 걸쳐 발달한 한랭전선으로 시작해 알프스에서 차가운 공기를 축적하여 론강 골짜기를 휩쓸고 코트다쥐르와 리옹만으로 빠져나간다. 남부 지역 프랑스인들은 미스트랄이 부는 계절에 종종 우울증에 시달리곤 한다. 미스트랄 시즌 동안 자살률 또한 높아진다.

【정부】

1972년에서 1986년에 걸쳐 권력의 지방 분산화를 위한 노력이 이루어졌지만 프랑스는 여전히 엄격한 수직적 위계로 지배되는 강력한 중앙집권제 국가다. 프랑스를 구성하는 100개의 데파르트망 중에서 95개는 프랑스 본토에 있고 나머지 5개는 해외 데파르트망이다. 프랑스 본토 데파르트망에는 1에서 95까지 번호가 매겨져 있다.

2개에서 8개의 데파르트망을 합쳐 레지옹이라는 행정단위를 이룬다. 프랑스 본토의 레지옹은 원래 22개에서 2015년 13개로 축소되었고 해외 레지옹 5개를 합하면 총 18개의 레지옹이 있다. 해외 영토는 프랑스 본국과 강력한 유대관계를 유지하고 있다. 그 예로 프랑스령 기아나, 마르티니크, 과들루프, 레위니옹은 유로화를 공식 통화로 사용한다.

데파르트망은 알파벳 순서대로 고유의 번호가 매겨진다. 그 번호는 우편번호와 자동차 번호의 끝 두 자릿수로 사용되어 행정처리를 용이하게 한다. 자동차 번호판 마지막 두 자리가 75라면 파리를 나타내고 우편물 주소가 '75006 파리'로 되어 있다면 파리의 6번째 '아롱디스망'으로 배달된다.

데파르트망은 1789년 프랑스 혁명 이후 도입되었지만 프랑스인 대다수는 여전히 브리타니, 노르망디, 알자스, 프로방스와 같은 레지옹 이름으로 출신을 구분한다. 레지옹의 이름을 듣자마자 그곳의 풍경, 기후, 전통, 요리, 말투를 떠올릴 수 있다. 또한 각 지역은 고유의 문화, 관습, 와인 제조법, 음식 문화를 유지하고 있다.

다른 국가들과 마찬가지로 프랑스의 북부와 남부 역시 서로 다르다. 북부 지역주민은 남부 주민이 말이 많고 자랑이 심하며 말솜씨가 좋고 쉽게 친구가 되지만 깊이가 없으며 시간 개념이 없고 절대 서두르지 않는다고 표현한다. 반면 남부 지역 주민은 북부 주민들이 차갑고 근면하며 사교적이지 못해서 친구가 되기 어렵지만 일단 친구가 되면 평생 우정을 이어간다고 말한다.

프랑스에서 경험할 수 있는 가장 놀랄 만한 한 가지 사실은 파리인과 그 외 지역 주민 간의 경쟁의식을 들 수 있다. 이는 프랑스가 매우 중앙집권화되어 있고 정부가 파리에 있기 때문이기도 하지만 파리인의 생활방식이 그 외 지역인들의 삶과 현저히 달라 보이기 때문이기도 하다.

루시 와드햄의 저서 『프랑스의 비밀 생활』을 보면 다음과 같은 내용이 있다. "파리의 지배 계층이 확고한 중앙집권주의를 주도하는데도 프랑스의 시골 지역이 지닌 정체성은 생생하고 활기차다. 사실 프랑스의 (도시와 시골이 가진) 이원적 본성에서 가장 놀라운 점은 서로 철저히 독립적이면서 무지하다는 점이다."

프랑스의 간략한 역사

전 세계의 사상과 문화에 걸쳐 독보적 영향을 미쳐온 프랑스의 역사를 간략하게 정리하는 것은 결코 쉬운 일이 아니다. 기억해야 할 사실은 프랑스어가 3세기 동안이나 국제 외교와 지식 교류의 수단으로 사용되었고 대제국 프랑스는 1960년대에 이르기까지 미국, 인디아, 극동 지역, 아프리카, 카리브해 지역에 걸쳐 군사 기지를 유지해왔다. 영어에는 프랑스어에서 유래한 단어가 많고 미국 독립 전쟁은 프랑스군대의 지원을 받았을 뿐만 아니라 몇 년 뒤인 1789년 프랑스 혁명을 유발했다. 데카르트, 파스칼, 루소, 볼테르, 사르트르, 르누아르, 마티스,

비제, 드뷔시와 같은 프랑스인 철학가, 작가, 예술가, 음악가는 세계 문화의 일부가 되었을 뿐만 아니라 프랑스 영화감독 역시 최첨단과 창작성의 전통을 지켜나가고 있다.

【 로마 제국 】

프랑스는 유럽 국가 중에서도 비교적 일찍 통일을 이룬 국가이다. 켈트족 원주민은 일반적으로 말하는 갈리아인으로 알려져 있다. 400여 개의 부족은 72가지의 서로 다른 언어를 사용하고 있었다. 로마 제국 율리우스 카이사르는 여러 차례의 군사 작전을 통해 기원전 51년 갈리아 전역을 장악하고 로마의 속주로 만들었다. 그는 7년에 걸친 전쟁을 『갈리아 전쟁기』에 기록하였으며 그중에서도 '왔노라, 보았노라, 이겼노라'라는 문구는 특히 잘 알려져 있다. 프랑스 현대 코믹 시리즈 중 가장 기발한 작품 중 하나인 〈아스테릭스: 골족의 영웅 아스테릭스〉에서 용감한 켈트족의 후예들은 매번 어리석은 로마인들의 허점을 찌른다. 또한 골족의 언어는 라틴어와 근대 프랑스어의 환상적 조합으로 묘사된다. 아스테릭스의 대사 중 "이 로마인들은 미쳤어!"라는 문구는 유명한 표현으로 자리 잡았다. 파리 북쪽에 있는 아스테릭스 공원은 프랑스인이 사랑하는 디

프랑스 남동부 프로방스 지역 아를시에 있는 로마 원형 경기장

즈니랜드에 버금가는 테마파크이다. 파리 근처 마흔느라발레에 위치한 디즈니랜드는 루아시에 있는 아스테릭스 공원을 능가한다고 볼 수 있지만 트립어드바이저 리뷰에서는 양쪽 모두 호의적인 평가를 받는 편이다.

전하는 얘기에 따르면 율리우스 카이사르는 사실 프랑스의 후미진 지방이 아니라 중앙 유럽 다뉴브 지역의 지휘관이 되려고 했었지만 자신이 안고 있던 엄청난 빚을 탕감하기 위해 금이 풍부한 서부 지역으로 갔다고 한다. 로마인이 프랑스를 지배하면서 라틴어가 유입되었고 근대 프랑스어에 큰 영향을 주었을 뿐만 아니라 획일적 법체계에 영향을 미쳤다.

프랑스 남부 지역에서는 아직도 많은 로마 유적을 볼 수 있다. 아를시에 있는 고대 로마 시대의 수도교인 가르교, 가르주의 수도인 님에 남아 있는 투우경기장, 고대 로마 대중목욕탕에 자리 잡은 파리 라틴 지구의 클뤼니 중세 박물관이 그 예이다.

【 클로비스 1세에서 샤를마뉴에 이르기까지 】

서기 5년 로마인들이 후퇴하자 프랑스는 발칸반도 포메라니아로부터 온 게르만족인 프랑크인의 지배를 받게 되었다. 기독교로 개종한 첫 번째 프랑크인 왕인 클로비스 1세는 496년 라임스에서 영세를 받았다. 프랑크인은 300년 이상 서유럽을 지배했다.

클로비스 1세의 후계자였던 메로베우스 왕조는 갈로·로마인 귀족정에 따라 주교와 백작들에게 정부를 맡겼다. 왕의 대리인 역할을 담당하며 권력을 가진 인물 중 한 명은 프랑크 왕국의 동쪽 지방 아우스트라시아의 궁재였던 ('망치'라는 별명을 가진) 샤를 마르텔이었다. 그는 732년 투르·푸아티에전투에서 이베리아반도에서 온 무어인 군대를 크게 격퇴하고 국왕을 대신하여 왕국을 통치하였다. 그의 아들 단신왕 페펭은 프랑크 왕위를 찬탈하고 프랑크 왕국의 두 번째 왕조인 카롤링거 왕조를 세운다. 소 페펭의 아들 샤를마뉴(찰스 대제)는 서유럽 대부분을 정복한 범유럽 군주가 되었다.

샤를마뉴는 800년 12월 성탄절 미사에서 서로마제국 황제직을 수여받았다. 프랑크 왕국은 이탈리아의 롬바르드 왕국, 독일 영토 대부분, 북스페인의 피레네산맥을 가로지르는 접경지역에 이르기까지 영토를 확장했다. 샤를마뉴가 죽자 프랑크 왕국은 급속히 쇠퇴하기 시작했지만 샤를마뉴의 시대를 지나면서 프랑스인을 구성하는 민족적 뿌리인 프랑크인, 켈트족, 로마인의 세 인종은 프랑스라는 단일 국가를 형성하는 기초를 이루게 되었다.

하지만 강력한 중앙 정부의 부재로 상류층 귀족들은 사실상 군주로부터 독립적인 지위를 유지할 수 있었다. 살리족 프랑크의 부족법전인 살리카 법전은 여성의 왕위 계승이나 '여계 왕손'을 인정하지 않았고 이는 프랑스·영국 관계에서 중요한 갈등의 원인으로 작용한다. 살리카 법전이 오늘날 성차별적이고 구시대적으로 보일 수 있다. 하지만 읽을 수는 있지만 쓸 수는 없었던 카롤루스 대제가 학문과 아동 교육을 장려했다는 사실은 주목할 만하다.

【 프랑스·영국의 대결 구도 】

프랑스와 영국은 35킬로미터 너비의 강으로 분리된 인접 국가인 만큼 수차례 충돌을 거듭해왔다. 그 원인 중 하나는 11세기부터 영국 왕들이 프랑스 서부 지역 대부분을 노렸기 때문이다.

율리우스 카이사르는 기원전 55년 브리튼섬을 침공하였고 1066년에는 노르망디 공국의 정복왕 윌리엄이 잉글랜드 국왕 해럴드의 군대와 맞붙었다. 그때부터 앵글로 노르만 군주들은 프랑스에서 영토분쟁을 벌였다. 1337년에서 1453년까지 이어진 영국과 프랑스 간의 백년전쟁에서 프랑스군의 영웅이었던 잔다르크는 영국군 포로로 팔려 영국으로 넘겨졌고 1431년 루앙에서 종교재판을 받고 군중이 보는 앞에서 화형을 당했다. 프랑스 영토 대부분을 점령했던 영국군은 1450년 포르미니 전투에서 크게 패한 후 노르망디에서 후퇴하고 1453년 카스티용 전투를 끝으로 물러났다. 결국 1558년 영국은 마침내 자신들의 마지막 근거지였던 칼레를 포기하면서 프랑스에서 물러난다.

프랑스는 메리 1세, 찰스 2세, 찰스 에드워드 스튜어트 등 영국 왕족을 상대로 지속적으로 피해 보상을 청구하였다. 대결 구도는 유럽 제국이 형성되는 과정에서 계속되었다. 그리고 17세기 프랑스는 전 세계에 걸쳐 식민지와 무역항을 건설하면서 유럽의 최강국으로 자리 잡았다. 1756년부터 1763년까지 이어진 7년 전쟁에서 프랑스는 인도와 캐나다 식민지를 영국에 빼앗겼다. 1940년 덩케르크에서 30만 명의 영국 군인을 성공적으로 탈출시켰을 때 프랑스 군인 4만 명이 탈출하지 못하고 결국 독일군에 투항한 사실에 대해 프랑스는 영국의 이기적인 배신이라고 한탄했다. 런던의 워털루역은 1815년 나폴레옹의 워털루 전투 패배를 기념하기 위해 지어진 이름이다. 또한 파리의 오스테를리츠역은 1805년 나폴레옹의 오스테를리츠 전투 승리를 기념하기 위한 이름이다. 그 후 1806년 나폴레옹은 독일이 주도하던 신성 로마 제국을 해체한다.

【 천주교와 개신교 】

프랑스에는 국교가 없지만 국민의 90퍼센트 이상은 로마 가톨릭교회 신자다. 16세기 후반 종교적 신념의 차이로 천주교와 개신교(혹은 위그노)는 귀족 간 내전을 겪었다. 프랑스의 유일한 개신교도였던 앙리 4세는 부르봉 왕가 최초의 왕이 되었다. 앙리 4세는 왕위 계승을 위해 천주교로 개종하고 평화를 이루었다. "파리는 미사를 거행할 만한 가치가 있다"라는 앙리 4세의 선언은 수 세기에 걸쳐 울려 퍼졌다. 유혈이 낭자하던 프랑스의 종교 전쟁은 1598년 앙리 4세가 개신교 차별 금지법인 낭트 칙령을 반포하면서 위그노에게 종교의 자유를 허용했고 마침내 내전이 종식된다. 하지만 가톨릭교회의 원한을 사게 된 앙리 4세는 1610년 광신적인 가톨릭 교도에게 눈을 찔려 암살당한다.

그 후 수년간 개신교도의 권리는 점점 더 약화되었고 1685년 루이 14세가 퐁텐블로 칙령을 반포하면서 개신교는 전면 금지되었다. 이로 인해 약 40만 명의 위그노가 가톨릭교회의 탄압을 피해 네덜란드, 영국, 독일, 사우스캐롤라이나, 캐나다, 남아프리카 등지로 탈출하면서 상공업 기술을 전파하였다. 루아르 계곡의 고성에는 위그노의 탈출을 도울 배를 정박하던 낭트 항구로 통하는 지하 통로가 아직도 남아 있다.

1764년 캐나다에 있는 프랑스 가톨릭 이주민에게 더 큰 관용을 베푸는 대가로 종교적 박해가 느슨해졌고 미국 독립전쟁 후 토머스 제퍼슨과 라파예트는 1788년 프랑스 개신교도에 대한 관용을 공식적으로 얻는다.

1797년 프랑스 혁명의 평등주의적 이상이 마침내 실현되고 종교적 박해는 사라지게 된다. 그리고 1802년 위그노 교회는 다시 공식적으로 인정받게 된다. '자유, 평등, 박애'라는 공화주의 이념은 오늘날까지도 프랑스 전역에 걸쳐 건축물, 동전, 학교, 시청 등에 표시되어 있다.

【 부르봉 왕조 】

프랑스 역사상 가장 위대한 군주는 '태양왕'이라고 불리던 루이 14세이다. 그는 1643년부터 1715년까지 무려 73년간 군림했다. 영국이 찰스 1세를 처형하고 내전을 겪는 동안 루이 14세는 '왕권신수설'을 주장하며 절대 군주로 자리를 다졌다. 그는 파리 지지 세력의 활약을 통해 프롱드의 난이라고 불리는 귀족들의 반란을 제지하면서 프랑스 전 지역에 걸쳐 절대 권력으로 군림했고 베르사유 궁전으로 왕궁과 정부를 모두 옮겨 권력을 독점했다. 그는 예술에 지대한 관심과 애정을 가지고 프랑스의 미술, 과학, 문학 분야 황금시대를 열었다. 프랑스는 또한 고전극의 전성기를 맞게 되었고 피에르 코르네유, 장 바티스트 라신, 몰리에르로 대표되는 극작가들의 작품은 지금도 파리의 코미디 프랑세즈 극장에서 전통 방식 그대로 공연되고 있다. 루이 14세 하의 프랑스 문화는 문명화된 유럽 전체에 모델이 되었다.

태양왕 루이 14세의 경망스럽고 방탕한 후계자였던 루이 15세는 많은 여인을 가까이하고 육욕을 지나치게 탐닉한 것으로 유명하다. 정부는 점점 더 혼란에 빠지고 방향을 잃었으며 길게 계속되는 여러 차례의 전쟁으로 국가는 거의 도산 지경에 이르게 된다. 그의 유명한 애첩 가운데 한 명인 마담 퐁파두르는 거의 20여 년간 막후실력자로서 수상에 준하는 지위를 누렸다.

루이 14세의 후계자는 선량한 성품을 지녔지만 나약했던 루이 16세로 프랑스 혁명 때 퇴위당하여 1793년 단두대에서 처형되었고 배우자 마리 앙투아네트 역시 같은 해 참수당하고 만다. 루이 16세의 아들이었던 왕세자 루이 17세는 1795년 파리에 있는 탕플 탑에 유폐되었다가 병으로 사망한다.

【 프랑스 혁명 】

1789년에 봉기한 혁명(1789-99)은 프랑스 역사의 분기점이 되었다. 그해 5월 루이 16세는 국가 재정을 살리기 위한 세제 개혁 등을 논의하기 위해 175년 만에 베르사유 궁전에서 귀족, 가톨릭 고위 성직자, 평민의 대표자가 모여 중요 의제를 토론하

장 피에르 위엘의 바스티유 습격 사건

는 신분제 의회인 삼부회를 열었다. 평민 대표들은 재정 궁핍
과 경제적 불안정을 해결하지 못한 루이 16세에 분노했고 제
3 계급 중에서도 특히 전문지식으로 부를 축적한 전문직 계
층은 혈연과 교회의 권위로 부와 권력을 향유하던 1, 2신분을
제치고 사회의 주도층이 되고자 국민의회를 결성하였다. 평민
대표들의 도발에 분노한 루이 16세가 국민의회 회의장을 폐쇄
하자 테니스코트로 이동하여 그 유명한 '테니스코트의 서약'
을 작성하고 인민의 최고 입법 기관으로서 프랑스 헌법 제정
에 착수하였다.

루이 16세가 '국민의회'를 군대를 동원하여 탄압하자 무력 투쟁을 통하여 국민의회를 보호하고자 하는 파리 시민들이 무기 확보를 위하여 부르봉 왕조의 폭정을 상징하는 바스티유 감옥을 습격하였다. 군인들이 혁명 세력에 가담했고 비교적 절제된 헌법에 대한 반란은 대중들의 무력투쟁이 되어 기존 질서를 일소하고 민주 공화국의 탄생에 이른다. 바스티유 습격 사건이 일어났던 7월 14일은 프랑스 혁명 기념일로 제정되었다.

국민의회는 봉건 제도를 폐지하고 '인간과 시민의 권리 선언'을 공표하였다. 수익을 확보하기 위해 교회 재산을 압류하고 성직자는 국가 공무원화하여 급여를 받도록 했다. 프랑스 철학자들이 발전시킨 이성적 아이디어와 믿음을 기초로 지방 정부에도 개혁이 일어났고 유럽 최초의 성문헌법에 입법, 행정, 사법의 삼권 분립체제가 명시되었다.

1791년 루이 16세는 파리를 몰래 도망치려고 했지만 군인들에게 잡혔다. 군주제를 지지하는 오스트리아·프로이센 공격은 루이 16세의 운명을 결정지었다. 정부는 해산되고 보통 선거로 전당대회가 선출되었으며 1792년 9월 22일 공화국이 선포되었다. 루이 16세는 국가반역죄로 기소되어 단두대의 이슬로 사라진다.

국민공회는 처음에 비교적 온건한 지롱드파와 급진적 공화주의 자코뱅파로 나뉘었다. 그러다 1793년 자코뱅파 과격주의자 로베스피에르가 이끄는 악명 높은 공안위원회에 권한을 위임하였고 공포정치가 시작된다. 로베스피에르는 셀 수 없이 많은 반대파 귀족들과 혁명가를 단두대로 보내 숙청하면서 역사상 지울 수 없는 장면을 남겼다. 사회 불안정과 폭력, 대규모 학살이 이어지는 혁명 정권하에 또한 몇 편의 낭만적 소설이 탄생했는데 그중『스칼렛 핌퍼넬』이 가장 잘 알려져 있다.

1794년 로베스피에르는 축출되고 단두대에서 처형되었고 온건한 5명의 총재정부가 탄생했다. 혁명의 원칙을 전하려는 프랑스의 열망과 이를 저지하고자 하는 영국, 오스트리아, 러시아의 투지는 또 다른 유럽 전쟁을 일으켰고 프랑스와 유럽을 대표하는 또 한 명의 인물, 나폴레옹 보나파르트를 등장시킨다. 1799년 총재정부는 쿠데타로 몰락하고 통령정부가 설립되었으며 젊은 군인이었던 나폴레옹은 제1통령에 취임하면서 가장 큰 권한을 누렸다.

【 나폴레옹 황제 】

1769년 코르시카에서 태어난 나폴레옹 보나파르트는 프랑스 혁명 시기에 전쟁에 참여하여 잇따라 공을 세우면서 국민 영웅이 되었다. 유럽 대륙의 반혁명파를 상대로 놀라운 승리를 이끌어냈고 영국 침략에 거의 성공하기에 이른다. 1805년 스페인 남서해안의 트라팔가르 해전에서 영국 해군은 프랑스 스페인 연합함대를 격멸했고 이 전투에서 영국 역사상 가장 위대한 해군 영웅 허레이쇼 넬슨 대 제독이 전사했다. 나폴레옹은 이에 굴하지 않고 전력을 강화하여 2달 뒤 아우스터리츠 전투에서 러시아 오스트리아 연합군을 격퇴하였다. 그다음 해 예나-아우어슈테트 전투에서 또 한 번 승리를 거둔다.

프랑스 국내에서 나폴레옹은 법질서를 정비하고 프랑스 은행 설립을 비롯해 바티칸과 정교 협약을 맺는 등 전면적 내부 개혁을 이끌었다. 1802년 나폴레옹은 종신통령이 되어 독재권을 한층 강화하였다. 그리고 2년 뒤 교황 비오 7세의 참석하에 노트르담 사원에서 프랑스 제국의 초대 황제인 나폴레옹 1세가 되면서 샤를마뉴의 상징적 후계자가 된다. (어린 베토벤은 그가 황제가 되었다는 소식을 듣고 실망하여 나폴레옹에게 헌정할 예정이었던 교향곡 제3번 악보에 펜을 던지고 한탄했다는 얘기가 전해진다.)

1799년부터 1815년까지 나폴레옹은 유럽의 패권을 잡았고 자신의 가족을 다양한 나라의 수장으로 임명했다. 하지만 서

<알프스를 넘는 나폴레옹> 자크 루이 다비드 작, 1801년

유럽에 그가 건설했던 제국은 다른 곳과 달리 프랑스 혁명의 기본 개혁 원칙에 따라 지배되었다. 국가는 국민에게 근대 중앙 집권 국가의 틀 아래 완전히 새로운 삶의 경험을 제공했고 혁명의 원칙을 전파했다.

영국의 해상전력 우위를 극복할 수 없었던 나폴레옹은 영국 무역과 산업을 상대로 '대륙봉쇄령'을 내려 유럽 여러 국가에 대해 영국과의 교역을 일제히 금지했다. 하지만 이 무역전쟁은 지속하기가 어려웠다. 그 후 1812년 러시아 제국을 침공했지만 나폴레옹의 '대육군' 60만 명은 러시아의 겨울을 이기지 못하고 몰살했다. 나폴레옹은 뒤이어 독일, 스페인과의 전쟁에서 크게 패했으며 1814년 영국, 러시아, 오스트리아, 프로이센 연합군의 공격을 받았다. 그 결과 나폴레옹은 퇴위하고 지중해의 작은 섬인 엘바섬의 영주로 추방되었다. 하지만 그는 1815년 엘바섬을 탈출하여 칸 북부 해안에 상륙한 후 파리로 돌아와 다시 권력을 잡았다. 하지만 벨기에 워털루 인근에서 벌어진 전투는 결국 나폴레옹의 운명을 결정짓게 된다. 제1대 웰링턴 공작 아서 웰즐리가 이끄는 영국 주축의 연합군과 대프랑스 동맹 군대에 무릎을 꿇고 만 것이다. 나폴레옹은 1821년 남대서양 세인트헬레나섬에 유폐되어 있다가 사망했다.

나폴레옹이 프랑스에 남긴 위대한 유산은 바로 '프랑스 민법전'이다. '나폴레옹 법전'이라고도 했던 프랑스 민법전은 프랑스 혁명의 법률 개정안 대부분을 통합한 것으로 위엄성과 문화적 우월성을 자랑하는 프랑스 법의 기초가 되었다. 나폴레옹은 또한 유럽 전반에 걸친 행정 원칙과 프랑스 특유의 소수정예 고등교육기관 체계인 그랑제콜, 그리고 (자동차의) 우측통행을 정립했다.

그뿐만 아니라 나폴레옹은 자신의 왕조를 남겼다. 부르봉 왕조는 1815년 복고했지만 지속되지는 못했다. 혁명 자유주의와 민족주의 정치 철학, 시인과 작가들이 발전시킨 낭만적 이상주의, 산업 혁명의 발전에 따른 사회적 변화의 기세가 더해 개혁은 막연한 것이었다.

1830년 파리에서 진보주의 인쇄업자와 언론인이 주도한 무장 반란으로 샤를 10세가 퇴위했고 '시민왕' 루이 필리프가 왕이 되었다. 루이 필리프의 입헌 군주제는 민중의 요구를 만족시키는 데 실패했고 1848년 또 다른 혁명이 일어나면서 보통 선거권이 도입되고 프랑스 제2공화국이 설립되었다. 이로써 개혁의 파도는 유럽 전체를 휩쓸게 된다.

국민의회 내에서 진보주의자와 사회주의자 간의 충돌이 발생하면서 나폴레옹 1세의 조카였던 루이 나폴레옹 보나파르트는 국가를 통합할 지도자로 나설 기회를 얻었다. 그는 1848년 대통령으로 선출되었고 1852년 제2국을 선포하며 나폴레옹 3세라는 타이틀의 황제가 되었다.

【 제2 나폴레옹 제국 】

1852년부터 1870년까지 나폴레옹 3세 치하에서 프랑스는 번성하고 발전했다. 다시 한 번 유럽 최강국이 되었으며 해외 식민 제국을 재건했다. 하지만 치세 말기 외교 정책상의 실수가 이어지면서 그 대가가 따랐고 그동안 쌓아놓았던 업적마저 위태로워졌다. 프로이센이 주도하는 독일의 정치적 통일로 프랑스와 독일 간 긴장은 점차 고조되었다.

점차 시들어가는 자신의 위신을 회복하고자 나폴레옹 3세는 1862년 오스트리아의 막시밀리안 대공을 멕시코의 황제로 임명하고 민주 제국주의라는 명목 하에 멕시코 제국을 수립하였다. 먼로주의에 입각한 북남미 대륙과 유럽 간 상호 불간섭 원칙을 어긴 것이다. 막시밀리안이 이끈 프랑스군대는 급진주의자였던 베니토 후아레스 대통령이 지휘한 멕시코군의 게릴라 전술에 속수무책으로 당했다. 남북전쟁이 끝난 미국이 재차 프랑스에 항의하고 멕시코에 무기를 지원하게 되면서 결국 프랑스군은 멕시코에서 퇴각하고 말았다. 막시밀리안 대공은 멕시코시티에서 체포되어 총살당했고 나폴레옹은 엄청난 굴욕에 시달려야 했다.

프로이센과의 충돌은 더 치명적이었다. 프랑스는 프로이센의 영리한 정치인 오토 폰 비스마르크의 부름으로 전쟁에 휘말리면서 1870년 스당 전투에서 대패하고 나폴레옹 3세는 포로로 잡혔다. 결국 프랑스 제2 제정은 몰락하고 제3 프랑스 공화국이 탄생하게 된다.

【 파리코뮌 】

스당 전투의 패배에 따른 불확실성으로 파리 사회 불안정은 극에 달했다. 독일군이 시내를 포위했고 1871년 비스마르크는 루이 14세의 궁전인 베르사유 궁전의 '거울의 방'에서 독일제국의 제국 수상으로 취임한다. 포위 기간 중 사회주의자와 좌익 공화주의자들은 임시 국민의회를 형성했고 적과의 전쟁을 계속하기로 서약했다. 그들은 1793년 급진파 자코뱅당에 대항하는 '파리코뮌'을 결성하고 베르사유에 모여 평화 조약을 맺은 뒤 알자스와 로렌지방을 독일에 넘겼다. 이 획기적인 사회

수의 운동은 1871년 5월 베르사유 군대에 의해 처참히 진압당했고 수만 명의 사상자를 낳았다.

【 양대 세계대전 】

독일의 팽창주의는 20세기에 이르러 두 차례에 걸친 '세계전'이라는 결과를 초래했다. 양대 세계대전 모두 부분적으로 프랑스 영토를 거쳐 갔다. 지금도 프랑스 북동부에 가면 제1차 세계대전 참호전 현장을 볼 수 있고 1944년 연합군이 서유럽 탈환을 위해 히틀러에 대항했던 노르망디 해변에서는 제2차 세계대전의 주요 현장을 확인할 수 있다.

프랑스는 제1차 세계대전에서 독일에 대항하는 연합군의 핵심 역할을 담당했고 그 후유증을 크게 겪었다. 18세에서 27세 사이의 프랑스 청년 중 약 4분의 1에 해당하는 140만 명의 젊은 청년들이 사망했고 400만 명이 부상을 당했다. 1919년 독일은 베르사유의 거울의 방에서 평화 조약에 서명했고 알자스와 로렌지방은 프랑스로 다시 반환되었다.

제2차 세계대전을 통해 프랑스는 샤를 드골이라는 또 한 명의 '강력한 지도자'를 얻었다. 샤를 드골은 영국 망명 중 자유 프랑스 정부를 이끌었고 제2차 세계대전 중 독일에 맞서

싸운 프랑스 무장 게릴라 단체인 '마키'를 이끌었다. 프랑스 제 3공화국은 나치 독일이 1940년 프랑스를 침략할 때까지 유지되었다. 프랑스 남부는 1942년까지 필리프 페텡이 이끈 비시괴뢰 정권의 지배를 받았고 프랑스 전역은 독일이 점령하고 있었다. 1940년 휴전을 거부하던 샤를 드골은 투쟁을 계속할 것을 국민에게 호소했다. 저항의 움직임은 독일 점령에 대항한 게릴라 전투로 이어졌고 자유 프랑스는 연합군과 협력하여 싸웠다. 그리고 전쟁이 남긴 상처는 오늘날까지도 프랑스 전역에서 전해지고 있다.

【 탈식민지화 】

제2차 세계대전이 끝난 후 혼돈의 시기에 탄생한 프랑스 제4공화국은 정부 교체가 잦았고 정치적 불안정과 식민지 반란이 계속되었다. 라오스, 캄보디아, 베트남을 아우르는 인도차이나 식민지는 일본으로부터 해방되고 프랑스로 반환되었지만 1946년부터 1954년까지 독립 투쟁은 계속되었다. 인도차이나 식민지의 독립 투쟁이 채 끝나기도 전에 1954년부터 1962년까지 알제리 전쟁이 이어졌다. 당시 알제리는 아랍인, 베르베르인, 프랑스 정착민으로 구성되었다. 프랑스가 원하는 식민지화는 해외 영토를 언어, 문화, 사회 체계, 생활방식에 이르기까지 최대한 프랑스인의 삶에 가까운 상태로 만드는 과정이었다. 1954년 알제리인들은 이러한 프랑스의 침해에 반란을 일으켰고 무참한 전쟁으로 인해 알제리인과 프랑스인 모두에게 막대한 피해를 초래했다. 그 결과 제4공화국은 붕괴하고 1958년 전쟁 영웅 샤를 드골은 수상으로 취임했다.

드골은 제5공화국을 수립하고 1959년 첫 번째 대통령으로 취임했으며 대통령의 집행권을 강화했다. 또한 프랑스 정착민들의 공분을 무릅쓰고 알제리가 자치정부를 수립하고 독립 국가가 되어야 한다고 선언했다. 그 결과 '피에 누아르'로 알려진 이 식민지 개척자 중 다수가 프랑스, 특히 남부로 돌아왔고 많은 알제리인 역시 프랑스로 이주해 공장 노동자가 되었다. 알제리 전쟁은 연쇄 반응의 시발점이 되었고 결국 1959년에서 1960년 사이에 거의 모든 프랑스의 과거 식민지 속국이 독립했다. 알제리는 1962년 독립을 쟁취했다.

샤를 드골 장군은 1969년 대통령직을 사임하고 1970년 사망했다. 드골의 뒤를 이은 조르주 퐁피두 대통령은 건축에 관심이 많은 것으로 잘 알려져 있다. 파리에 있는 조르주 퐁피두 센터는 굴지의 예술문화센터로 꼽힌다. 조르주 퐁피두가 갑작

스럽게 사망하고 발레리 지스카르 데스탱이 대통령으로 선출되어 1974년부터 1981년까지 재임한다. 데스탱의 뒤를 이은 사회주의자 대통령 프랑수아 미테랑은 1981년부터 1994년까지 두 번 연임하고 1996년 암으로 사망한다. 그의 후임은 미테랑 정부에서 총리직을 역임하고 1995년 대통령으로 당선된 자크 시라크로 2002년 재선에서 프랑스 극우 민족주의자인 장 마리 르펜을 물리치고 연임에 성공, 12년간 대통령직을 수행한다.

1989년 7월 14일 프랑스는 대혁명 200주년을 기념하기 위해 북에서 남으로 전국 방방곡곡에 걸쳐 똑같은 색색의 무늬가 그려진 보자기를 약 966킬로미터 길이로 깔고 피크닉을 열었다.

자크 시라크는 2007년 두 번째 임기를 마치고 퇴임했다. (프랑스 대통령 임기는 7년이었지만 2000년부터 5년 임기로 바뀌었다). 시라크 대통령의 후임은 헝가리계 프랑스인 니콜라 사르코지로 과거와의 '청산'을 제안하며 민주적 프랑스를 도모하였고 이념을 뛰어넘는 상식의 승리를 제창하였다.

주목할 만한 사실은 사르코지가 전통적으로 프랑스 정관계, 재계 최고위직 인재를 양성해온 그랑제콜 출신이 아니라는 점이다.

사회당 소속의 세골렌 루아얄을 물리치고 개혁과 대통령으로 선출된 사르코지는 첫 번째 재임 기간에 60여 개 이상의 개혁을 통과시켰다. 하지만 부인 세실리아와 이혼하고 모델 출신 가수 카를라 브루니와 재혼하면서 공적인 이미지 실추로 큰 타격을 입었다. 사르코지는 연예인 같은 생활방식과 장신구 착용을 즐기는 것 때문에 '블링블링' 대통령이라는 명성을 얻었다. 지지율은 추락했고 결국 사르코지는 유럽에 닥친 2008년 금융 위기에서 살아남지 못했다. 2012년 대선에서 사회주의자이지만 그랑제콜 출신인 프랑수아 올랑드에게 패배하면서 재선에 실패하고 만다. 2017년 대선에서 중도성향을 가진 신(新)정당 앙마르슈 대표인 에마뉘엘 마크롱은 프랑스 최초의 비주류 정당 대통령으로 당선되었다.

　오늘날의 프랑스는 다수의 남부 유럽, 북아프리카, 베트남 이민자를 아우르는 다양한 인종의 집합체이다. 약 650만에 이르는 이민자는 프랑스 전체 인구의 약 10퍼센트를 차지한다.

　최근 몇 년 동안 이슬람 급진주의자들의 공격이 계속되고 사상자가 발생하면서 이민 관련 갈등이 고조되고 있다. 2015년 이슬람 테러리스트가 프랑스 파리에 소재한 풍자신문 「샤를리 에브도」 본사를 급습하고 총기를 난사해 12명이 사망했다. 2016년 프랑스 혁명 기념일에는 지중해 연안 니스의 해변 축제에서 테러리스트가 화물 트럭을 몰고 군중을 향해 돌진하면서 어린아이를 비롯한 86명이 사망하였다. 2018년 12월에는 스트라스부르 크리스마스 마켓에서 일어난 총기 공격으로 5명이 숨지고 10여 명이 다쳤다. 마린 르 펜이 이끌고 있는 극우정당, 국민전선은 반 이민정책을 지지하면서 이 같은 테러 공격의 가장 큰 수혜자가 되었다.

노란 조끼 시위

질레 존, 혹은 '노란 조끼 운동'은 2018년 시작된 풀뿌리 저항운동을 말한다. 유류세 인상에 항의하는 움직임으로 시작된 시위는 물가고와 생활비 상승에 대한 서민들의 분노와 더불어 조세개혁이 중산계급과 노동계급에만 부담을 지운다는 주장과 함께 규모가 눈덩이처럼 커졌다. 시위대가 눈에 띄는 노란 조끼를 입고 참여하면서 자연스레 노란 조끼 시위라는 이름으로 불리게 되었다. 시위대는 프랑스 전체에 걸친 정기적 주말 시위를 열었고 폭력 사태로 이어지기도 했다. 코로나바이러스 감염증이 시작되면서 주말 시위는 중단됐지만 저항의 열기는 지속되고 있고 향후 어떻게 전개될지는 지켜볼 일이다.

【 코로나바이러스 감염증 】

다른 유럽 국가들과 마찬가지로 프랑스 역시 2020년 전 세계를 강타한 코로나바이러스 감염증의 확산에 충분히 대비하지 못했다. 충분한 검사 장비와 치료 기구를 갖추지 못했고 결국 독일과 스위스로 환자를 이송하기에 이르렀다. 감염증의 확산을 억제하기 위해 대규모 봉쇄정책이 시행되면서 외출 허가증 없이는 집 밖으로의 외출이 금지되고 조치를 어기면 상당한 금액의 벌금이 부과되었다. 프랑스는 여러 달에 걸쳐 전면 봉쇄조치를 유지했다. 사태가 지속되는 동안 접촉자 추적 시스템과 장비 구매가 시행되었지만 2020년 9월 2차 유행이 프랑스 전체를 휩쓸면서 다시 한 번 국가 의료 체계가 붕괴 위기에 처하기도 했다.

정부

샤를 드골은 이렇게 말했다. "프랑스인들은 위험이 닥칠 때만 한데 뭉친다. 치즈의 종류가 무려 265가지에 이르는 다양성을 특징으로 하는 국가를 간단히 화합하게 할 수 있는 사람은 아무도 없다".

프랑스는 다당제 공화국이다. 정부를 이끄는 지도자는 수상이며 국가 원수는 대통령이다. 대통령은 직접 보통 선거로 5년에 한 번씩 선출된다. 대통령은 수상을 지명하고 수상의 추천에 따라 정부를 구성할 다른 인사를 임명한다. 대통령은 각료 회의를 주재하고 법률을 공포하며 군대의 총사령관이다. 또한 의회를 해산할 수 있고 위기 상황에서 비상 지휘권을 발동할 수 있다.

수상은 국가 정책을 수립하고 대통령의 지휘하에 실행한다. 수상은 정부의 지도자로 법률을 집행한다.

따라서 대통령과 수상이 서로 정치적으로 대립하면 거북한 상황이 발생할 수 있는데 중도 우파였던 시라크 대통령과 사회주의자 수상이었던 리오넬 조스팽이 그 예시라고 할 수 있다.

프랑스 의회(파를망)는 양원제를 채택하고 있다. 상원(세나)은 간접 보통 선거로 선출된 321명의 상원의원으로 구성되며 임기는 9년이다. 3년 단위로 상원의원 선거가 있으며 3분의 1 정도의 인원이 재선된다. 하원인 프랑스 국민의회는 577명의 의원으로 구성되며 5년마다 직접 보통 선거로 선출한다. 프랑스 의회는 정부 정책을 심의하고 의결한다. 의견이 일치하지 않을

경우 국민의회가 최종 결정을 내린다.

2017년 대통령 선거에서 에마뉘엘 마크롱이 압승하면서 국민의회 총선에 등장하는 주요 정당은 마크롱이 속한 집권 여당 라 레퓌블리크 앙 마르슈!, 마린 르 펜이 이끄는 극우파 정당인 국민전선, 프랑수아 피용이 이끄는 공화당, 브누아 아몽이 이끄는 사회당, 장뤼크 멜랑숑이 이끄는 사회주의, 좌익 대중주의 정당인 라 프랑스 앵수미즈('불복하는 프랑스'라는 뜻), 파비

프랑스 상원 의사당이 자리 잡고 있는 파리의 뤽상부르궁

엔 루셀이 이끄는 프랑스 공산당의 6개이다. 프랑스는 앞서 살펴본 대로 '나폴레옹 법전'이라는 프랑스 민법전을 따른다. 영국이나 미국보다 짧은 프랑스 법전은 계약에 영향을 미치며 프랑스인들은 나폴레옹 법전의 조항을 적용한다.

프랑스 정부 체제에서 마지막으로 살펴볼 곳은 사법부이다. 프랑스 최고 행정법원은 '콩세이데타(국참사원)'로 헌법과 행정법의 적법성을 판단하고 입법안 초안에 대해 조언한다. 프랑스의 최고 재판소는 '파기원'으로 판결을 검토하여 파기하고 재심을 위해 35개의 법원에 사건을 송치한다.

유로존

프랑스는 NATO 정회원이며 1956년 프랑스 국민 기업가인 장 모네가 유럽경제공동체EEC를 창설할 때부터 창립 회원국이다. 또 다른 프랑스 경제학자이자 정치인 자크 들로르는 유럽연합 집행위원회 위원장으로서 조직을 이끌었고 유럽연합 의회는 프랑스 도시인 스트라스부르에 본거지를 두고 있다. 유럽연합의 법률과 훈령은 프랑스 의회에서 논의되고 프랑스 법과 관습에 통합된다. 1999년 1월 1일 유로화는 유럽연합의 공식 통화로 출범하였고 2002년 1월 1일 유로화는 프랑을 대신하는 프랑스의 법정통화가 되었다.

　정치적 측면에서 프랑스는 독일과 함께 유로그룹을 이끌고 유럽 문제에 가장 큰 영향력을 행사하고 있다. 유럽뿐만이 아니다. 국제통화기금IMF의 총재직은 12년 동안 프랑스인이 맡았다. 2007년부터 파리정치대학 경제학과 교수를 역임한 도미니크 스트로스칸이 총재직을 맡았고 그 뒤를 이어 프랑스 재무부 장관을 역임했던 크리스틴 라가르드가 2011년부터 8년간 IMF 총재를 역임했다.

프랑스와 미국

프랑스인은 영국인과 미국인을 '앵글로색슨족'이라는 용어로 통칭하며 미국과 영국이 가진 다민족적 특성을 폄하하는 경향이 있다. 하지만 프랑스가 미국에 대한 호감을 지속해왔다는 사실은 프랑스가 미국 독립 혁명을 지지했고 그 후 세계대전 당시 미국이 프랑스를 지원했다는 사실로 알 수 있다. 프랑스는 제2차 세계대전 후 미국으로부터 재정지원을 받았으며 프랑스 문화에 대한 미국인 예술가와 작가들의 애정은 1920년대부터 오늘날까지 이어지고 있다. 그 예로 노르망디의 작은 마을 지베르니에 있는 인상파 거장 클로드 모네의 집에는 미국 인상파의 작품들이 상설전시되어 있다.

많은 미국 참전 용사와 가족들은 1944년 6월 6일 미국, 영국, 캐나다, 프랑스 연합군이 독일 침략으로부터 서유럽을 해방

할 목적으로 '오버로드 작전'을 위해 상륙했던 노르망디 지방의 항구도시 캉 공동묘지를 참배하기 위해 해마다 방문한다.

프랑스와 밀접한 관계가 있는 미국 정치인도 여러 명이다. 미국 독립 혁명이 있기 전 미 의회는 벤저민 프랭클린을 파리로 보내 1776년 파리조약을 체결했다. 통상 조약과 방위 동맹을 해결한 그는 1778년 프랑스 전권대사로 임명되어 1785년까지 대사직을 수행했다. 토머스 제퍼슨은 1785년부터 1789년까지 벤저민 프랭클린의 후임으로 프랑스 공사에 임명되었다. 또한 미국의 35대 대통령 존 F. 케네디의 부인 재클린 부비에 여사는 프랑스계이다.

프랑스 IT 및 음악 산업에 미국 영어가 도입되고 맥도널드가 프랑스에서 영업을 시작하면서 미국과 프랑스의 애정 어린 관계는 살짝 금이 가기 시작했다. 또한 미국 기업이 이끄는 세계화에 프랑스인들이 우려를 나타내기 시작하고 프랑스의 거대 다국적 미디어 그룹인 비방디 유니버설의 사업 확장과 관련된 문제로 좀 더 우려스러운 모습을 보이기도 한다.

그렇다면 프랑스인은 어떤 사람들일까? 프랑스인은 무엇을 믿고 어떤 원칙에 따라 살아가는가? 다음 장에서는 프랑스인을 주제를 다루고자 한다.

02

가치관과
사고방식

프랑스인은 논리에 재치와 솜씨 그리고 고상함을 곁들인다. 그들은 짓궂은 장난이나 '배꼽 잡는 웃음'보다는 말장난이나 미사여구와 풍자를 즐긴다. 프렌치 스타일을 가장 잘 보여주는 분야는 음식과 패션이다. 오트쿠튀르와 그에 수반되는 향수, 메이크업, 액세서리들은 단순한 주요 산업이 아니라 상징적 지위를 가진다.

프랑스는 다르다. 대부분의 사람들이 이에 동의한다. 어떤 점이 다른지에 대해서는 다양한 의견이 존재하겠지만 다른 점이 있다는 사실 자체에 대해서는 아무도 의심하지 않는다. '프랑스인은 예외'라는 표현은 일반적 규칙이 어떻든 프랑스는 자국의 규칙을 따르고 자국의 이익을 최우선시하며 프랑스에 관련된 문제는 프랑스인이 가장 잘 다룬다는 뜻을 가지고 있다.

게임의 규칙을 바꾸다 – '왜'라고 묻는 문화

다른 유럽 국가 국민은 어느 정도 범위 내에서 자신이 처한 상황을 받아들이고 원하는 대로 최상의 결과를 얻으려면 어떻게 할 수 있을지 질문한다. 하지만 프랑스인은 왜 성과를 달성해야 하는지부터 묻는다. 이처럼 질문하고 따지기 좋아하는 태도는 모두를 다시 처음부터 고민하게 만들고 몇 시간, 며칠, 혹은 몇 주에 이르기까지 일정에 지체가 생기게 한다. 다른 유럽 국가에서 '비속어 삭제'라는 표현이 '프랑스인'이라는 단어와 종종 같이 등장하는 이유이기도 하다. 프랑스인의 타협하지 않는 태도가 그만큼 두드러지기 때문이다.

이성주의

언제든 질문할 준비가 되어 있는 자세는 프랑스의 교육에 기인하기도 한다. 프랑스인은 지성 주의에 대해 반감을 갖지 않는다. 프랑스 학생들은 철학을 학교 교과 과정의 일부로 공부하고 고등학교를 졸업하기 전 마지막 해에는 4시간에 걸쳐 논술시험을 치른다. 시험은 '자아 성찰'을 목표로 하며 고등 교육 진학을 위한 하나의 관문으로 작용한다.

프랑스인은 논리적으로 생각하고 토론하도록 교육받는다.

프랑스인은 실행 불가능성에 대해서는 관대하지만 모순은 받아들이지 않는다. 어떤 토론에서라도 프랑스인은 핵심이 되는 진술에서 벗어나 논리에 따라 결론을 내릴 것이다. 그들은 비현실적 해결책보다는 논리적 결함에 대해 상대방을 비판할 것이다. 그들의 논리가 틀렸다거나 다른 논리적인 대안이 있다는 사실을 상대방이 입증하지 못한다면 그들은 자신의 생각을 고집할 것이다.

프랑스인 철학자이자 수학자인 르네 데카르트(1596-1650)는 '근대 철학의 아버지'로 알려져 있다. 그는 '데카르트 논리'라는 논리적 사고의 프랑스식 체계를 성문화했다. 데카르트는

'나는 생각한다. 고로 존재한다.'라는 유명한 명제를 남겼다.

프랑스 할스가 그린 르네 데카르트 초상화(1649년경)

이러한 학문적 접근은 프랑스어가 가지고 있는 이론적 전문성과 수학적 추론이라는 결과를 낳았다. 프랑스 학자들은 '이론상 타당할지라도 실행 가능할 것인가?'라는 평범하고 상투적인 문구를 '실행 가능할지라도 이론상 타당한 것인가?'로 바꿔놓는다. 개념, 이론 그리고 논리는 프랑스인에게 매우 중요하다.

프랑스에서는 또한 '진지함'이 중요하다(진지함은 프랑스 고위직이 갖춰야 할 필수 덕목이다). 따라서 교육, 지성, 화술이 높이 평가받는다. '진지함'은 전문적임을 의미한다. 상대를 비판할 때 프랑스어로 '농담이군. 전문성이 떨어지잖아.'라고 표현한다. 만약 프랑스인이 여러분에게 진지하지 못하다고 비난한다면 의미를 제대로 전달하지 못한 게 아니라 전문가답게 행동하지 않고 있다는 의미이다.

추상적 사고와 이성적 질서에 대한 이 같은 프랑스인의 애착은 유명한 정원에서 볼 수 있는 일정한 양식의 배치에서도 드러난다. 대표적 인물은 17세기 조경 건축가이자 정원사였던 앙드레 르 노트르로 베르사유 정원과 루브르 궁전에서 그의 작품을 확인할 수 있다. 그러나 프랑스인의 이성주의에 대한 사랑은 분명하고 단순하며 실용적 체계를 추구하는 것과는 분명히 다르다.

프랑스인은 모순처럼 보이는 상황에서도 행복하게 살아간다. 그들은 낡은 배관 시설을 갖춘 화장실과 최신형 기구가 완벽히 갖추어진 부엌이 공존하는 집을 이상하다고 생각하지 않는다. 혹은 평소에 비좁고 어두운 집에서 참고 견디며 살더라도 탁 트인 전원지대에서 점심 식사를 즐기기 위해 2시간 동안의 장거리 운전을 마다하지 않는다. 아동 입장이 금지된 식당에서 애완견 입장을 허용하는 것 또한 신경 쓰지 않으며 비싼 향수를 쓰면서 데오도란트를 써야 한다고는 생각하지 않는다.

프렌치 스타일

프랑스인은 논리에 재치와 솜씨 그리고 고상함을 곁들인다. 그들은 짓궂은 장난이나 '배꼽 잡는 웃음'보다는 말장난이나 미사여구와 풍자를 즐긴다. 프랑스 TV의 토크쇼를 본다면 참석자의 반응 속도나 재치 있는 의견에 깜짝 놀랄지도 모른다. 하지만 업무 회의에서의 농담은 용인되지 않는 편이다.

프랑스인에게는 자기표현을 비롯해 발표 스타일과 솜씨가 중요하다. 프랑스인은 지루한 걸 참지 못한다. 그들은 논쟁하기 좋아하며 별 이유 없이 반대할지도 모른다. 어떤 상황에서든 지적 타당성을 느끼길 원하며 관심이 없을 땐 적극적으로 상황을 표현하고 잡담을 시작하거나 전화를 하기도 하며 아예 벌떡 일어나 그 자리를 떠날 수도 있다.

프렌치 스타일을 가장 잘 보여주는 분야는 음식과 패션이다. 오트쿠튀르와 그에 수반되는 향수, 메이크업, 액세서리들은 단순한 주요 산업이 아니라 상징적 지위를 가진다. 프랑스에서, 특히 여성에게는 적절한 머리 모양과 옷차림이 중요하다. 만약 여러분이 프랑스에 살거나 업무차 프랑스에 자주 가게 된다면 이런 프렌치 스타일에 영향을 받을 수밖에 없을 것이다.

프랑스인이라는 것

프랑스인은 맹목적 애국주의나 다른 국가를 불신하는 모습 때문에 종종 비난받을 때가 있다. 이는 실용적 측면에서는 단순한 이기심으로 볼 수 있지만 프랑스인에게 프랑스인다움과 프랑스어권이라는 개념 자체는 매우 중요하다.

이는 결코 프랑스가 외세의 영향을 차단한다는 의미는 아니다. 오히려 프랑스는 세계 곳곳으로부터 새로운 문물을 적극적으로 받아들여 왔다. 단, 프랑스인은 받아들인 모든 것들을 프렌치 스타일로 탈바꿈시킨다.

프랑스다움이라는 개념을 지키기 위해 프랑스는 현실적 이득을 가져다줄 일류 프로젝트에 투자할 것이다. 이는 프랑스 국가적 차원에서뿐만 아니라 프랑스 기업을 위해서도 중요하다. 그 예를 들자면 국제적 비판을 무릅쓴 태평양에서의 핵실험이나 에어버스의 성공, 건축학적 경이로움을 보여주는 파리의 루브르 박물관이나 조르주 퐁피두 센터, 혹은 프랑스 고속철도 테제베TGV 등 다양하다.

건설과 교통 분야의 중대한 성과를 꼽자면 영국과 프랑스를 잇는 해저터널인 '채널 터널'과 런던, 파리 그리고 벨기에의 수도 브뤼셀을 잇는 고속철도인 '유로스타'를 들 수 있을 것이다. 프랑스와 벨기에의 국유 철도와 런던 콘티넨털 철도의 합작투자로 1994년 개통한 유로스타는 최대 시속 300킬로미터를 자랑한다. 영국 내 고속철로 구간이 새로이 개통되면서 런던 중심지에서 파리 중심지까지 운행 시간이 3시간에서 2시간 15분으로 단축되었다.

프랑스인다움의 가장 중요한 요소는 프랑스어에 대한 존중이다. 학교 교육에서 프랑스어를 올바로 말하고 쓰는 법은 매우 중요하게 다뤄진다. 프랑스어 쓰기는 자유로운 표현보다 올바른 문법, 철자, 구두법을 강조하기 때문에 미국이나 영국에서 쓰는 영어 필기보다 격식을 갖춘다.

프랑스어가 외교 용어로 사용되었고 16세기부터 20세기 초반까지 학식을 갖춘 이들이 쓰는 언어였다는 점은 주목할 만한 사실이다. 1635년 루이 13세의 재상을 맡았던 리슐리외 추기경은 '프랑스어에 확실한 규정을 부여하고, 그것을 순수하게, 우아하게, 예술과 학문을 다룰 수 있게 만들고자' 〈아카데미 프랑세즈〉를 설립했다. 동시에 지역 방언이 금지되었고 학교에서 방언을 쓰는 학생은 매를 맞았으며 이 관행은 프랑스의 식민지 영토에까지 영향을 미쳤다.

프랑스어 순화의 원칙은 오늘날까지 이어지고 있다. 〈아카데미 프랑세즈〉는 언어 보호라는 임무를 유지하고 있으며 외래어, 특히 IT, 식음료업, 미디어 산업에 유입되는 외래어에 맞서 승산 없는 싸움을 계속하고 있다. '프랑글레'로 불리는 영어 차용 표현이나 특수 계층과 집단에서 쓰는 언어가 존재하지만 올바른 사고와 표현에 대한 우려는 여전하다.

1994년 자크 투봉 문화부장관이 발의한 '투봉법'에 따라 모든 제품 소개, 라벨, 광고, 설명 및 표지판은 프랑스어로 써야 한다. 제품 상표는 이 법안에서 면제된다. 영국 화장품 회사인 더바디샵은 제품에 영어로 된 라벨을 실었다는 이유로 벌금을 물었다. 라디오 방송국에서 하루에 선곡되는 음악의 40퍼센트는 프랑스어곡이어야 한다. 프랑스 TV 방송국에서 방영되는 영화는 60퍼센트 이상 유럽에서 제작되어야 하며 그중 40퍼센트는 프랑스어로 제작되어야 한다. 투봉법은 프랑스 법령집에 여전히 존재하고 있지만 외화는 오리지널 버전으로 상영되며 외국어 음악 역시 방송되기도 한다.

언어는 '프랑스다움'이라는 개념에서 상징적 역할만을 담당하는 것은 아니다. 오히려 진정한 대중적 관심의 대상이기도 하다. 프랑스 정부가 단어 oignon (onion)에서 'g'를 금지하자는 제안을 하자 시민들은 곡절 부호에 대한 논쟁에서 그랬듯이 항의의 의미로 청원서를 제출했다. 곡절 부호는 maître(master), huître(oyster), forêt(forest)와 같은 단어에서 모음자 위에 쓰는 발음 구별 기호로 's'가 빠진 자리를 표시하기도 하지만 발음 에는 별다른 영향을 주지 않는다. TV에서 방영되는 언어 게임 프로그램은 연속극만큼이나 인기가 좋다. 〈라 그랑드 딕테〉라 는 이름의 철자법 경연대회에는 30만 명이 참가하고 700만 시 청자가 지켜봤다.

이는 외국인이 프랑스어를 더듬거리면서 말한다면 프랑스인 에게 칭찬받을 가능성이 매우 낮다는 뜻이기도 하다. 프랑스 어가 배우기 어렵다는 사실을 잘 알고 있는 사람들도 많지만 대다수는 여러분이 프랑스어에 능숙하길 기대한다. 프랑스어 에 상당한 자신감이 있는 게 아니라면 영어로 분명하게 의사 표현을 하는 게 낫다.

프랑스인의 언어에 대한 사랑은 문학작품의 영역으로까지 확대된다. 프랑스인은 다양한 분야의 책을 읽는 편이며 정치와 예술 간의 전통적 분열은 다른 국가에서보다 훨씬 모호한 편 이다. 작가이면서 제2차 세계대전 중 저항 운동의 리더였고 정 치인으로도 활동했던 앙드레 말로가 대표적 예이다. 19세기에

<아카데미 프랑세즈>는 프랑스어와 관련된 모든 문제를 다루는 최고 권위 기관이다.

활동했던 알퐁스 드 라마르틴, 알렉시 드 토크빌, 프랑수아르네 드 샤토브리앙이 그 흐름을 이어나갔다. 자크 시라크 전 대통령은 시를 '일상생활의 필수품'이라고 표현하기도 했다.

프랑스다움을 이루는 또 다른 핵심 요소는 프랑스 문화이다. 프랑스인은 그들이 예술, 음악, 미술, 사상에 걸쳐 세계 문화에 탁월한 영향력을 미쳐왔다고 믿고 있으며 타당한 주장이기도 하다. 프랑스가 전 세계에서 가장 수준 높은 문화를 이끌어왔다는 사실은 프랑스인 이외에도 많은 이들이 동의하는 부분이다. 프랑스 정부는 지금도 여전히 알리앙스 프랑세즈와 해외 프랑스 문화 위원회를 통해 프랑스 언어와 문화의 확산을 위한 투자를 아끼지 않는다. 무엇보다도 '프랑스어권'이라는 개념, 즉 프랑스어가 사용되는 모든 국가 공통의 이해관계를 연결하기 위한 프랑스 정부의 지원은 계속되고 있다. 이 개념은 영국 본국과 캐나다, 오스트레일리아, 뉴질랜드 등 옛날 영국의 식민지였던 52개의 국가로 구성된 국제기구인 영연방과 유사한 개념이지만 실제로는 '프랑스어권'의 유대가 더 강하다.

가족 우선주의

프랑스인 가족은 전통적으로 유대가 매우 강하다. 자녀들은 결혼 전까지 부모와 같이 사는 경우가 대부분이었다. 하지만 오늘날에는 자녀가 대학에 진학하면서 부모의 품을 떠나 주말이나 축제, 휴일과 같은 특별한 날에 집에 오는 경우가 많다.

또한 프랑스 가족은 매우 사적이다. 이에 대해서는 4장에서 좀 더 자세히 다룰 것이다. 가족 모임에는 정말 친한 친구만 초대하므로 초대받은 친구 역시 이를 매우 영광스럽게 여긴다.

지역 단위에서 가족의 중요성은 국가적 차원으로 확산된다. 프랑스인은 국민 전체가 프랑스 국기 아래 프랑스인이라는 경험과 언어로 한데 뭉친 가족이라고 생각한다.

그와 동시에 ─ 앞서 언급했던 모순을 용납하는 프랑스인의 특성대로 ─ 프랑스인은 성적 방종이 가족이라는 틀에 영향을 주지 않는다고 생각해왔다. 과거에는 성적 관계에 대해 좀 더 관대하게 생각하는 경향이 일반적이었기 때문에 미국과 영국 언론에서 성과 관련된 소동이 생길 때마다 흥미롭게 지켜보기도 했다. 프랑수아 미테랑 전 대통령이 1996년 사망했을 때 장례식에는 영부인과 딸뿐만 아니라 대통령의 내연녀와 혼외 딸까지 참석했다. 하지만 오늘날에는 사고방식의 변화로 불륜에 대해 못마땅하게 보는 시각이 더 지배적이다.

　미국이나 영국의 와인바나 선술집에서 이른 저녁 시간대에 방문하는 손님에게 할인을 제공하는 '해피 아워'는 프랑스에선 '불륜이 자주 일어나는 시간'이라는 전혀 다른 의미를 지니고 있다. '앵글로색슨족'이 부도덕하다고 여기는 것을 프랑스인은 전혀 다른 시각에서 바라보는 것이다. 프랑스인은 오히려 언론의 사생활 침해에 대한 반감이 크다.

03

풍습과 전통

프랑스는 지역 문화가 강하게 잔류하고 있어서 다양한 음식, 와인, 스포츠, 삶의 방식을 가지고 있다. 프랑스인은 대부분 파리로 대표되는 프랑스 국가 문화보다는 브리타니, 알자스, 프로방스 같은 토착 지역 문화에 더 애착을 느낀다. 프랑스인의 삶에서 중요한 것은 독창성이다. 사람들은 '프랑스다운 경험'에 가치를 두며 프랑스다움을 포기하길 원하지 않는다. 그것이 프랑스를 유럽에서 가장 매력적이고 방문하고 싶은 나라로 만드는 특징이다.

프랑스는 전통적으로 중앙단일 정부를 유지해왔지만 지역 문화가 강하게 잔류하고 있어서 다양한 음식, 와인, 스포츠, 삶의 방식을 가지고 있다. 프랑스인은 대부분 파리로 대표되는 프랑스 국가 문화보다는 브리타니, 알자스, 프로방스 같은 토착 지역 문화에 더 애착을 느낀다. 프랑스인은 별장을 소유하는 비율이 세계에서 가장 높다. 이들은 파리나 파리 인근 지역에서 일하고 거주하지만 지방에 부모님이나 다른 가족이 살고 있거나 별장을 두고 있는 경우가 대부분이다.

프랑스에서는 행정 기능을 지방에 골고루 분산시키려는 노력이 지속되어왔다. 프랑스의 효율적인 통신 및 교통 기반시설 덕분에 지방에서 사업을 성공적으로 이끌어가기가 예전보다 훨씬 쉬워지고 있다.

프랑스 일부 지역에서는 아직도 지역 언어가 사용되기도 한다. 브리타니 지역에서는 브르타뉴어, 북동부 지역에서는 플라망어, 알자스 지방에서는 독일어, 남서부 지역에서는 스페인어 방언, 코르시카 지방에서는 코르시카어가 사용된다. 프랑스인의 약 21퍼센트는 지역 언어를 능숙하게 말하고 약 14퍼센트는 의사소통이 가능한 수준이라고 한다.

프랑스는 여러 가지 측면에서 경제적으로 진보된 국가이지만 사회적 가치, 가족 문화, 음식이나 와인과 관련된 미식 문화, '카페 소사이어티'와 같은 일부 사회적 습관에 있어서 '옳음'과 '그름'을 확실히 구분하는 매우 보수적인 문화를 가진 국가이기도 하다.

하지만 프랑스는 변화하고 있다. 전통적으로 한정된 상류층의 살롱 문화이자 독립 사회였던 '카페 소사이어티'는 국제화 물결에 따라 점차 약해지고 있고 법에 따라 전통적 가족 개념 역시 변화되고 있다.

프랑스 작가 아녜스 포이리어가 설명한 대로 프랑스인의 삶에서 중요한 것은 독창성이다. 사람들은 '프랑스다운 경험'에 가치를 두며 프랑스다움을 포기하길 원하지 않는다. 그것이 프랑스를 유럽에서 가장 매력적이고 방문하고 싶은 나라로 만드는 특징이다.

교회와 국가

프랑스에는 국가 공식 종교가 없지만 국민의 60퍼센트 이상이 기독교도이므로 종교 휴일과 비종교 휴일을 모두 따른다. 프랑스에서 교회와 국가는 공식적으로 분리되어 있고 가톨릭교회는 정부로부터 직접적으로 자금 지원을 받지는 않는다. 하지만 교회는 국가로부터 부분적으로 재정지원을 받는 다수의 사립학교를 운영한다. 프랑스 인구의 2퍼센트만이 개신교도이며 유대인 인구가 70만 명으로 유럽에서 유대인 인구가 가장 많은 나라이기도 하다. 프랑스에 사는 유대인은 주로 북아프리카 지역 출신이지만 반유대주의 정서가 커짐에 따라 유대인 인구는 최근 들어 감소하였다. 또한 인구의 약 10퍼센트에 달하는

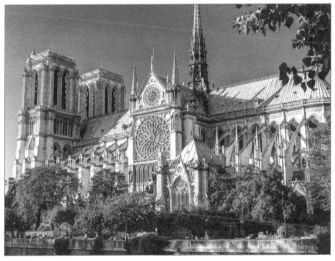

파리의 노트르담 대성당

600만 명가량의 이슬람교도가 프랑스에 살고 있다.

프랑스에서 교회와 국가의 관계를 설명하는 핵심 단어는 '세속주의'이다. 즉 국가는 종교 문제에 중립적이며 어떤 종교에 대해서도 특권을 주지 않는다는 뜻이다. 하지만 사실상 프랑스는 가톨릭 국가이다.

천주교가 프랑스 왕실의 공식 종교였을 때 프랑스는 '가톨릭교회의 만딸'로 불렸다. 나폴레옹은 1801년 로마에서 교황 비오 7세와 정교조약인 '콩코르다트'를 체결했다. 이 종교 협약은 교회와 국가가 법적으로 분리된 1905년까지 유지되었다. 1905년 독일에 속해있던 알자스와 로렌느 지방은 '콩코르다트'가 여전히 유효하다. 알자스 지방의 스트라스부르대학은 유일하게 가톨릭과 개신교가 분리된 신학부를 운영하고 있다. 알자스 지방은 랍비, 목사, 사제에게 교사와 동일한 급여를 지급하는 유일한 데파르트망이다. 공립학교에서 종교 교육은 금지되어 있으며 보이는 이미지를 중시하는 종교에 대한 우려가 존재하고 있다.

그렇지만 가톨릭 예배는 일상생활뿐만 아니라 축제에도 큰 영향을 준다. 가톨릭 예배에서 매일은 기도하는 자가 마음속에 품고 있는 가톨릭교회의 성자에게 헌정된다. 마을이나 도시는 성자에게 헌정되며 성자의 날은 휴일이 될 수 있다. 프랑스는 성자의 날 이름이 TV 날씨 예보에 같이 등장하는 나라이다. '생 자크 기념일'에 아나운서는 '즐거운 생 자크 축제를'이라고 인사하기도 한다.

가톨릭 인구가 대부분을 차지하는 나라이지만 예배 참가율은 파리의 경우 약 10퍼센트, 다른 지역은 15퍼센트 정도로 하락했다. 특히 18세에서 35세 연령대의 참가율이 가장 낮다. 하지만 프랑스 대부분 지역에서 프랑스어 혹은 영어, 심지어 라틴어로 진행되는 예배를 찾을 수 있다. 원하는 종파의 종교 서비스를 찾으려면 시청이나 관광안내소 등에 연락하면 된다. 전화번호부를 찾거나 인터넷으로 교회나 종교의식을 검색해도 원하는 교회와 예배를 찾을 수 있다.

흥미로운 사실은 예배 참가율이 하락하고 있지만 많은 가족들은 교회에서 갓난아기에게 세례를 베풀고 12세에 첫 영성체를 하며 결혼식을 치른다. 이 같은 행사는 종교적 믿음의 표현이기도 하지만 가족과 친척들에게 중요한 의미가 있고 가정 교육과 사회화의 일부로 여겨지기 때문이다.

이슬람교는 프랑스인의 삶에서 갈수록 더 중요한 부분을 차지하고 있다. 주로 북아프리카 출신으로 약 600만 명에 이르는 이슬람교도가 프랑스에 살고 있다. 이슬람 축제가 국가적으로 인정받는 것은 아니지만 라마단 기간과 라마단이 끝났음을 축하하는 휴일인 '이드 알 피트르', 희생절인 '이드 알 케비르'는 프랑스 이슬람교도에게 중요한 행사이다.

휴일

프랑스인은 열심히 일하는 삶을 존중하지만 일벌레는 아니다. '열심히 일하고 인생을 즐겨라'가 그들의 좌우명이다. 프랑스인의 근무시간은 공식적으로 주당 35시간이다. 실제로는 이보다 더 긴 시간 일하지만 미국이나 영국보다 국경일이나 지역 공휴일이 더 많다. 또한 5주간의 연차 휴가가 주어진다.

휴일이 목요일이나 화요일이 되면 '징검다리 휴일'로 정하고 휴일 사이의 금요일이나 월요일까지 포함해 연휴를 길게 즐긴다.

휴일		
날짜	한글 이름	프랑스어 이름
1월 1일	신년	*Jour de l'An*
3월/4월	부활절/부활절 월요일	*Pâques*
5월 1일	노동절	*Fête du Travail*
5월 8일	제2차 세계대전 종전기념일	*Fête de la Libération*
5월(부활절 40일 후)	예수 승천일	*Ascension*
5월 말	성신강림 축일	*Pentecôte*
7월 14일	혁명기념일	*Fête Nationale*
8월 15일	성모승천일	*L'Assomption de la Sainte Marie*
11월 1일	만성절	*Toussaint*
11월 11일	제1차 세계대전 휴전기념일	*Armistice 1918*
12월 25일	크리스마스	*Noël*

공휴일

【 크리스마스 】

크리스마스 축제는 크리스마스이브에 시작된다. 가족들은 모여서 성탄절 트리를 장식하고 가톨릭 신자인 경우 '요셉, 메리, 그리고 천사들'이라고 불리는 자정 미사에 참석한다. 집에 돌아오면 전통음식으로 차린 늦은 저녁 만찬, '레베용'을 즐긴다. 요리의 종류는 지역마다 약간씩 달라지기도 하며 거위나 오

알자스 지역 콜마르의 크리스마스 풍경

리의 간을 재료로 한 푸아그라, 굴, 메밀 팬케이크 등을 먹거
나 브르타뉴 지역에서는 해산물을 포함하기도 한다. 알자스
지방에서는 거위를, 프로방스에서는 생선을 주로 먹는다. 더불
어 프로방스 지방의 전통적 가정에서는 어거스틴, 베네딕틴, 프
란체스코 등 종단의 이름이 붙여진 다양한 페이스트리와 말린
과일이 혼합된 재료로 만든 13가지의 디저트를 내놓기도 한다.

　이맘때 가장 제철을 맞는 굴을 시작으로, 차가운 고기 요리
인 '샤르퀴트리'를 다음으로 먹는다. 이때 '푸아그라'를 곁들이
기도 한다. 주요리는 밤을 곁들인 거위, 수탉, 칠면조 요리이며

크리스마스 음식의 한 가지인 뱅 쇼(멀드 와인, 따뜻하게 데운 포도주)

그다음 샐러드와 치즈를 먹고 마지막으로 통나무 모양의 케이크를 디저트로 즐긴다. 선물은 주로 크리스마스이브에 주고받지만 가족 전통에 따라 크리스마스 당일 혹은 새해 첫날에 나누기도 한다. 캐롤을 들으면서 크리스마스트리나 그리스도 성탄화 주위에 둘러앉아 선물을 개봉한다. '페레노엘'은 산타클로스를 가리키는 말이다. 크리스마스 인사는 '주유 노엘'이라고 주고받는다. 가톨릭 집안에서는 그리스도 성탄화를 성탄절 이브에서부터 동방박사 세 명이 예수를 찾은 1월 6일 주현절까지 걸어놓는다.

프랑스의 크리스마스 수도, 스트라스부르의 크리스마스 풍경

다른 가톨릭 국가와 마찬가지로 크리스마스에는 주요 광장에 아기 예수가 태어난 말구유가 전시되고 성탄극을 공연한다.

【 신년 】

신년은 프랑스인에게 특별한 날이다. 전날 밤부터 가족들이 모두 모이고 친구를 초대하기도 하며 칠면조와 밤을 곁들인 성대한 만찬을 즐긴다. '보나네'라는 신년 인사를 주고받는다.

새해의 성자는 '성 실베스테르'이므로 그를 기리기 위해 신년을 '성 실베스테르'라고 부르기도 한다. 파리 중심부에는 차

파리 에투알 개선문의 신년 행사

량 진입이 금지되고 거리는 사람들로 가득 찬다. 화려한 조명으로 거리가 밝혀지고 멋진 광경이 눈을 사로잡지만 집에 돌아갈 택시를 미리 예약하지 않는다면 택시를 잡는 일은 하늘의 별 따기나 마찬가지일 것이다.

【 주현절 】

동방박사가 아기 예수에게 선물을 들고 찾아온 날을 기념하는 주현절은 다른 가톨릭 국가에서와 마찬가지로 특히 중요하다. 공휴일은 아니지만 부적, 동전 혹은 작은 물건을 집어넣은

'갈레트 데 루아'라는 특별한 케이크를 굽는다. 행운의 물건을 찾은 사람은 그날의 왕이나 왕비가 된다. 가장 어린아이가 식탁 아래에 들어가서 케이크의 어느 부분을 누가 먹을지 결정하는 전통이 있다.

이 책에 소개된 축제 이외에도 다양한 지역 축제가 있다. 자세한 내용은 지역 관광안내소에서 확인할 수 있다.

【 부활절 】

부활절 역시 중요한 공휴일로 3월에서 4월 사이로 정해지며 가톨릭 의례에 따라 기념한다. 부활절 이틀 전 성금요일은 공휴일은 아니지만 지역에 따라 (특히 알자스와 모젤 지역) 상점들이 문을 닫는다. 토요일에는 상점이 문을 열기 때문에 사람들은 부활절과 부활절 월요일을 기념할 물건을 살 수 있다. 부활절은 일 년 중 신도들이 교회를 가장 많이 찾는 날이며 전통적인 미식의 잔치가 뒤따른다. 또한 부활절 월요일은 전통적으로 스포츠 활동을 하는 날이다.

부활절 전에 참회의 화요일, 재의 수요일, 사순절의 시작, 6주간의 정화와 단식을 기념하는 지역 축제가 벌어지는 곳도 있다. 부활절 일주일 전인 종려 주일은 그리스도가 십자가형을 앞두고 예루살렘에 입성한 날을 기념한다. 특별한 예배가 있기도 하지만 휴일은 아니다. 부활절 인사는 '주왜유즈배끄'라고 주고받는다.

【 5월 1일과 5월 8일 】

5월 1일 노동절에는 지역마다 특색 있는 퍼레이드가 열린다. 5월 8일은 1945년 유럽이 나치 독일로부터 해방된 날을 기념하는 제2차 세계대전 종전기념일이다. 이날은 1940년부터 1945년까지 독일에 점령당했던 프랑스에서 특히 중요한 의미를 가진 날이다.

기념식이 거행되고 종군 휘장을 단 참전 용사들이 도심부와 시청에서 퍼레이드를 벌이며 국립묘지에서 기념식이 열린다.

【 예수 승천일과 성신강림 축일 】

부활절 40일 후인 예수 승천일은 부활한 예수가 천국으로 올라간 뒤 하늘나라에서 아버지의 오른편에 앉았던 일을 기념하는 날이다. 이날 역시 종교 축제로 교회 예배와 행사가 열린다. 성신강림 축일의 일요일과 월요일에도 유사한 행사가 열린다. 성신강림 축일은 성령께서 열두 사도에게 혀를 선물로 내려 성령이 충만하게 된 그들이 전도 활동을 시작하게 된 것을 기념하는 날이다.

[혁명기념일]

혁명기념일은 프랑스 혁명의 발단이 된 1789년 7월 14일 파리 바스티유 감옥 습격을 기념하는 날이다. 프랑스 국가인 '라 마르세예즈'가 울려 퍼지는 가운데 성대한 시가행진이 열리고 화려한 불꽃놀이와 거리 축제가 새벽까지 이어진다.

7월 14일 바스티유 데이 행사의 일부로 파리 샹젤리제에서 펼쳐지는 군사 퍼레이드

【 성모승천일과 만성절 】

성모승천일과 만성절은 둘 다 종교 축제이다. 성모승천일은 8월 15일이며 그리스도의 어머니인 성모 마리아가 하늘나라로 들어 올림 받은 것을 기념하는 날이다. 이날은 가족이 모두 한데 모이는 성대한 축제의 날이다.

11월 1일 만성절은 죽은 자들을 기념하는 날로 가족이 모여 돌아가신 가족의 묘지를 참배하고 고인의 영전에 (국화꽃 등을) 헌화한다.

브리타니 지방의 성모승천일 행사 중 전통 행렬

미국과 영국의 어린이들에게 특히 인기 있는 핼러윈은 가톨릭 신자가 압도적으로 많은 프랑스에선 큰 기념일은 아니다. 하지만 이날 핼러윈 분장을 한 어린이들이 사탕을 얻으러 다니는 모습은 흔한 광경이 되었다. 십 대들에게 핼러윈은 파티에 참석할 좋은 핑계가 된다.

【 제1차 세계대전 휴전기념일 】

11월 11일은 제1차 세계대전 휴전기념일이다. 제1차 세계대전에서 사망한 프랑스 국민은 190만 명에 달한다. 이날은 20세기 들어 프랑스가 참전한 전쟁에서 사망한 모든 이들의 희생을 기리는 엄숙한 날이다. 이날 파리에서는 대통령과 고위층이 참석하는 가운데 에투알 개선문 앞에 있는 무명전사의 묘에 헌화하며 프랑스 전역의 전쟁 기념관에서 이와 비슷한 행사가 진행된다.

마지막으로 살펴볼 국경일은 '앵글로색슨족'의 떠들썩한 기념일, 크리스마스이다. 상업주의가 본래 크리스마스의 의미를 퇴색시킨다는 부정적 견해와 상업주의로 인해 크리스마스가 지속될 수 있다는 의견 사이의 논쟁은 꾸준히 계속되고 있다.

프랑스에는 기존의 공식 행사 이외에 다양한 지역별 축제가 있으므로 각 지역 여행안내소나 관광안내소에 문의하면 다양한 정보를 얻을 수 있다. 프랑스 곳곳에는 여행객들이 참여할 수 있는 다양한 관습과 전통 행사가 존재한다.

04

친구 사귀기

프랑스인은 차갑고 오만하며 강압적이고 무례하기로 유명하다. 물론 프랑스인이 다 그런 것
은 아니지만 여행객이나 새로운 이웃과 문제를 일으킬 수도 있는 나름의 사회적 기준을 가지
고 있는 것은 사실이다. 프랑스인이 더 능동적으로 여행자들을 환영하는 태도를 보여줘야 마
땅하다고 생각하는 이들도 있다. 하지만 반대로 생각해보면 여행객 역시 프랑스인의 방식에
적응하고 어울리는 태도를 보여야 한다. 프랑스인은 일단 낯선 이들이 프랑스에 적응하려고
노력하는 모습을 보이면 적극적으로 받아들이고 환영한다.

프랑스인은 차갑고 오만하며 강압적이고 무례하기로 유명하다. 물론 프랑스인이 다 그런 것은 아니지만 여행객이나 새로운 이웃과 문제를 일으킬 수도 있는 나름의 사회적 기준을 가지고 있는 것은 사실이다. 프랑스인이 더 능동적으로 여행자들을 환영하는 태도를 보여줘야 마땅하다고 생각하는 이들도 있다. 하지만 반대로 생각해보면 여행객 역시 프랑스인의 방식에 적응하고 어울리는 태도를 보여야 한다. 프랑스인은 일단 낯선 이들이 프랑스에 적응하려고 노력하는 모습을 보이면 적극적으로 받아들이고 환영한다(여러분이 원하는 것보다 훨씬 더 적극적인 태도를 보일 수도 있다).

프랑스 아이들은 자라면서 어른에게 공손하며 항상 격식을 차리도록 교육받는다. 미국 아이들은 자신을 적극적으로 표현하도록 길러지기 때문에 가끔은 예의범절을 무시하기도 한다. 프랑스를 방문하는 사람이 반드시 기억해야 할 한 가지가 있다면 항상 예절을 지켜야 한다는 점이다. 늘 예의 바른 프랑스인은 상대방도 좋은 매너를 지켜주길 기대한다. 심지어 폭주족인 '헬스 엔젤스' 회원들조차도 에티켓을 지킨다.

【 냉담한 시선 】

미국인과 영국인은 낯선 사람이 지나갈 때 대부분 미소를 짓거나 눈인사를 한다. 하지만 프랑스인은 다르다. 프랑스인의 무뚝뚝함에 익숙하지 않은 외국인들은 자칫 의기소침해지기 쉽다. 하지만 용기를 잃지 말자. 이에 대해 폴리 플랫Polly Platt은 자신의 저서 『프랑스인 혹은 적수?』에서 쉽게 설명한다. 프랑스인은 무례한 사람들이 아니라 무뚝뚝함이 프랑스인의 특징이라는 것이다. 아무 이유 없이 미소를 짓는다면 '진지함'이 부족한 사람으로 보일 수 있다.

프랑스인은 색다른 상황이나 재미있는 사건으로 상대와 같이 기쁨을 나눌 수 있는 순간에는 낯선 사람에게라도 미소 짓는다. 프랑스인은 웃을 만한 일이 있다고 느낄 때 맘껏 웃는다. 하지만 평상시에는 진지함을 유지한다. (프랑스 전 대통령인 프랑수아 미테랑과 자크 시라크에 대해선 여러 가지 얘기가 있지만) 프랑스 대통령이 웃고 있는 사진을 보여주면 프랑스인은 누구인지 못 알아본다는 우스갯소리가 있을 정도이다.

외국인 친구 만나기

파리와 같은 프랑스의 큰 도시에는 외국인이 많다. 그리고 외국인들이 공통적으로 느끼는 한 가지가 있다. 프랑스어를 꼭 배워야 한다는 점이다. 외국인 친구를 만나는 가장 좋은 방법은 프랑스어 강좌를 듣는 것이다.

파리에는 지난 수백 년 동안 수많은 외국인이 살아왔기 때문에 다양한 해외 거주자 단체가 발달해왔고 유용한 정보와 지원 프로그램이 있다.

파리 외곽에 있는 '아꺼이 데 빌 프랑세즈'라는 단체는 프랑스인이나 외국인 누구에게든 새로운 친구를 만날 수 있는 장소를 제공한다. 프랑스 전역에 걸쳐 약 600여 개의 지점을 보유하고 있다. 각 지역의 이름에 따라 지방 단체 이름이 정해지기 때문에 시청에서 각 지역 단체의 주소를 찾을 수 있다. 회원권은 매년 갱신되며 활동 내용은 지역마다 다를 수 있지만 주로 예술, 요리, 스포츠, 여행 프로그램 등을 운영한다.

거주하는 곳에서 가장 가까운 단체를 찾으려면 www.avf.asso.fr을 방문한다. 내용을 영어로 읽으려면 영국 국기 아이콘을 클릭하고 지역과 마을 드롭다운 메뉴에서 원하는 지역의 주소를 찾는다. 약 350개 지역에 서비스를 제공하고 있다.

프랑스인 친구 사귀기

공통된 관심사를 가진 사람을 만나면 쉽게 친구가 될 수 있다. 특별히 관심이 있는 분야가 있다면 정보를 공유할 수 있는 사람들을 찾아보고 모임에 합류하는 것도 좋다. 시골 지역에서 친구를 사귀려면 걷기를 취미로 하는 사람들의 그룹에 참

야외 활동은 새로운 친구를 만나고 사귀는 좋은 방법이 될 수 있다.

석하는 것도 좋은 방법이다. '아항도네'는 일정에 따라 단체 걷기나 자전거 타기를 조직하는 단체이다. 각 지역 게시판에서 언제 어디로 가는지 일정을 파악한 뒤 소액의 회비를 지불하고 지도를 받아 소규모 그룹으로 걷거나 자전거 타기 일정에 합류할 수 있다. 점심과 간식을 위한 휴식 시간이 주어지고 참가자들과 담소를 나누거나 프랑스어를 연습할 수 있다.

우정

프랑스인은 우정을 가볍게 여기지 않는다. 프랑스인 가족이 여러분을 친구로 받아들이면 서로 일종의 책임감과 의무감을 공유하게 된다. 저녁이나 점심 식사에 초대받을 수도 있고 해변에 같이 가거나 식전주, 혹은 칵테일을 함께 할 수도 있으며 전화로 얘기를 나눌 수도 있다. 여러분이 머리를 감는 중이라거나 두통이 있다거나 혹은 단순히 선약이 있다면 프랑스인 가족의 제의를 거절해도 될까? 아마도 프랑스인 가족은 실망하게 될 것이다.

프랑스 남부에서 트레이너나 컨설턴트로 근무했던 주디 처칠은 우정에도 연습이 필요하다고 표현한다. 프랑스인은 관계에서 상호 이익을 추구한다. 처음에는 아주 따뜻하더라도 상대방이 실망을 안겨주면 멀찌감치 물러나게 될 수도 있다. 남부 프랑스인들이 외국인들에게 우정의 손길을 내밀었다가 실망감을 느끼고 결국 우정을 지속하지 못했다는 이야기는 심심치 않게 전해진다.

집 초대

프랑스에서 사회생활은 편안하고 여유로울 수 있지만 상당히 체계적인 모습이 될 수도 있다. 어릴 때부터 자연스레 익힌 가정교육 덕분에 프랑스인은 실례가 되거나 민폐를 끼치는 행동을 빨리 눈치 챈다. 격식은 주로 음식이나 접대와 관련된 내용이 많다.

첫 번째로 기억해야 할 것은 음식은 프랑스 사회에서 가장 큰 관심의 대상이라는 점이다. 음식에 대한 감상, 음식과 관련된 미학, 플레이팅, 맛, 그리고 음식이 제공되는 상황이 모두 여기에 포함된다.

큰 도시에서는 공간이나 시간의 제약 때문에 집으로 초대하기보다는 식당에서 손님을 접대하는 경우가 많다. 도시 외곽으로 가면 즐거움을 제공하는 공간이라는 집의 역할이 더 커지지만 손님 접대를 위해 음식을 준비한다는 부담감 때문에 완벽하게 준비할 수 있는 여유가 있는 상황이 아니라면 쉽게 초대할 용기를 내지 않는다. '잠깐 집에 들르는 문화'는 프랑스에서 흔치 않은 편이다. 하지만 프랑스 남부에서는 기후의 영향으로 집을 공개하는 일이 훨씬 더 보편적이다.

그렇다면 프랑스인은 어떤 대안을 찾았을까? 바로 '아페리티프'라고 부르는 식전주 문화가 있다. 프랑스인들은 종종 '아페로' 혹은 '아페리티프'에 손님을 초대해 한두 시간 동안 간단한 안주와 음료를 함께 하며 서로를 알아가는 시간을 갖는다. '아페로'는 주로 점심이나 이른 저녁 시간대에 비교적 격식을 따지지 않고 즐기는 방식이다. 손님은 대개 도착하는 대로 내실로 안내받고 집을 구경한다거나 부엌을 둘러보지는 않는다. 프랑스인들은 자신의 사적 공간을 지키고 싶어 하므로 '거창한 집구경'은 기대하지 않는 편이 낫다. 집주인의 안내가 없다면 부엌에는 되도록 들어가지 않는 편이 안전하다. 한 프랑스인 동료는 할머니가 관절염으로 접시를 혼자 들기 어려워져서 도움을 청하기 전까진 25년간 단 한 번도 할머니 댁의 부엌에 들어가 본 적이 없었다고 한다.

　일요일 점심 식사는 큰 행사이다. 정오나 오후 1시에 초대받았다면 그날의 남은 일정은 비워두는 게 낫다. 일요일 점심은 여유롭고 느긋하게 즐기고 같이 낮잠을 자거나 산책을 하게 될 수도 있고 둘 다 하는 경우엔 대여섯 시간 동안 이어지기도 한다.

　프랑스 아이들 대부분은 식사가 끝나도 부모의 허락이 있을 때까지 식탁을 떠나지 않도록 교육받는다. 자녀 교육은 대체로 예전보다 엄격함이 덜해졌고 감정 표현을 이해하는 방향으로 가고 있는 추세이다. 식사가 끝나기 전 아이가 신나서 일어나더라도 예전처럼 '식탁에서 움직이면 안 돼!'라고 엄격히 훈육하는 경우는 줄어든 편이다.

【 시간약속 】

프랑스인은 대체로 시간약속에 관대한 편이다. 남부 프랑스인은 10분에서 15분 정도 상대방이 늦어도 용인하는 반면 북부나 동부 프랑스인들은 훨씬 더 엄격하다.

【 선물 주기 】

프랑스인 가정에 초대받았다면 꽃, 식물, 초콜릿, 음료나 술 같은 부담되지 않는 작은 선물을 꼭 준비하는 것이 좋다.

　꽃을 준비한다면 홀수로 준비하고 (13송이는 13일의 금요일을 연상시키므로 금물) 건네기 전 포장을 벗긴다. 특히 꽃마다 다른 의미를 지니고 있으므로 주의해야 한다. 카네이션은 불운을 상징할 수 있어서 피하는 게 좋다. 국화는 만성절에 가족과 친지의 묘소에 놓는 꽃이며 죽음을 상징하기에 피하는 편이다. 붉은 장미는 사랑하는 사람에게 주기도 하지만 사회주의의 상징이기도 하다. 노란 장미는 일반적으로 노란색이 그러하듯 불륜을 연상시키므로 피하도록 한다.

프랑스 가정에 초대받았다면 와인이나 디저트 같은 선물을 준비하는 게 무난하다. 프랑스인은 예술적 감각이 풍부하므로 집주인의 미적 감각에 맞는 책이나 그림을 준비한다면 감동할 수도 있다. 모국에서 공수한 음식이나 와인을 선물로 준비하는 것 또한 탁월한 선택이 될 수 있다.

접대를 받은 후 전화로 '감사'의 인사를 대체하기도 하지만 편지나 이메일을 보내는 것도 좋다.

보나베띠

식사 시간에는 나름의 원칙이 존재한다. 식사를 시작할 때 '맛있게 드세요!'라는 인사를 대신할 프랑스어는 '보나베띠'이다. 상대방이 '보나베띠'라고 인사하면 '보나베띠'라고 답하면 된다. 집주인이 건배를 들기 전까지는 와인을 미리 맛보지 말고 집주인이 잔을 들고 '아보트르상떼(건강을 위하여)'라고 외치면 술잔을 부딪치며 '아보트르상떼'라고 답한다.

예전에는 나이프, 포크, 스푼을 여러 개씩 내놓았지만 오늘날에는 대부분의 프랑스 가정에서 하나씩만 내놓는다. 가정마다 다르겠지만 식탁에 나이프, 포크, 스푼이 여러 개 놓여 있다면 바깥쪽에서부터 차례로 사용한다. 하지만 약간 복잡한 경우도 있다. 왼쪽에 작은 포크와 좀 더 큰 포크가 있고 오른쪽에 작은 나이프와 큰 나이프가 있을 수도 있다. 혹은 다음 요리를 위해 나이프와 포크를 재사용해야 할 수도 있다. 이때는 다른 사람들이 어떻게 하는지 보고 참고한다. 디저트 스푼과 커피 스푼은 접시 위쪽에 평행으로, 서로 다른 방향으로 놓일 때가 많다. 또한 잔이 세 개 놓여 있을 수도 있다. 제일 큰 잔으로 물을 마시고 그다음 잔으로 적포도주를 마시고 제일 작은 잔으로 백포도주를 마시면 된다. 물은 처음부터 제공되지 않는 경우가 일반적이다.

【 나이프, 포크, 손가락 】

말하는 내용을 강조하려고 나이프로 상대방을 가리킨다면 무례하다는 인상을 줄 수 있다. 빵을 제외하고는 어떤 음식도 손으로 집어 들지 않는다. 빵은 나이프로 자르지 말고 손으로 자른다. 빵은 하나를 다 끝낸 다음 다른 것을 먹는다. 프랑스인은 식사 내내 빵을 같이 먹는데 빵으로 접시를 닦지는 않는 것이 좋다. 앞접시에 담은 음식은 다 먹도록 한다. 프랑스인은 음식을 남기는 행동을 낭비라고 생각한다.

【 치즈 코스 】

주요리와 디저트 사이에 치즈 코스를 두는 경우가 아직도 일반적이다. 지역마다 다르긴 하지만 일반적으로 치즈는 한 번만 덜고 많게는 세 가지 종류를 선택한다. 자르고 남은 치즈의 모양을 생각해서 (가운데를 피해서) 자른다.

【 음주 】

술에 취하지 않도록 한다. 프랑스인은 와인과 물을 번갈아 마시고 음주가 대화를 방해하지 않도록 조절한다. 집주인이 권하지 않는다면 와인을 자신의 잔에 직접 따르지 않는다.

【 흡연 】

프랑스에선 식당, 카페, 나이트클럽, 공원을 포함한 공공장소에서 담배나 전자담배 흡연이 금지되어 있다. 이러한 조치에도 굴하지 않고 아직도 야외나 사적 공간에서 흡연을 즐기는 프랑스인이 있다. 어느 장소가 흡연이 가능한 곳인지 확실치 않다면 가까이에 있는 사람에게 확인하는 편이 낫다. 금지된 장소라면 벌금을 내게 될 수도 있기 때문이다. 저녁 식사에 초대받은 집의 주인과 손님이 양쪽 다 흡연자라 하더라도 식사가

끝날 때까지 흡연은 삼가는 편이 낫다.

사회 관습

프랑스인이라면 매일 의식하지 않고도 실행하는 사소한 사회
적 관습이 여러 가지 있다. 하지만 외국인들은 눈에 띄거나 손

가락질 받지 않으려면 아무리 사소한 관습이라도 익혀야 한다. 프랑스인에게는 올바름이 중요한 가치이기 때문에 누군가 선을 벗어나면 즉각 알아차린다. 에티켓은 프랑스에서 온 단어이다. 에티켓은 군인들이 지켜야 할 일상적 규칙을 말하는 것이었지만 이제는 상류사회로 입문하기 위해 지켜야 할 사회적 규범을 의미하게 되었다. '보탕몽당(상류사회 인명록)'은—미국 사교계 명사인 에밀리 포스트가 쓴 에티켓 목록처럼—여러 가지 항목을 담고 있으며 때로는 아주 유용하다.

【 인사 예절 】

프랑스인은 우리가 생각하는 것보다 훨씬 더 격식을 차린다. 예전에는 상대방을 부를 때 남성에게는 '봉주르, 머시우(안녕하세요)', 여성에게는 '봉주르, 마담(안녕하세요)'만이 올바른 호칭이라고 간주하였다. 하지만 오늘날에는 간단히 '봉주르(안녕하세요)'만으로 가능하다. 소규모 가게나 호텔 조식당에서는 손님이 들어갈 때 '봉주르 머시우 담(신사·숙녀 여러분 어서 오세요)'이라고 인사하고 손님이 떠날 때는 '오르브와, 머시우 담(신사·숙녀 여러분 안녕히 가십시오)'이라고 인사할 것이다. 가게에서 거래가 끝나면 직원은 '봉주르네(좋은 하루 되세요)'나 '봉스와레(편안한 저녁 되세

요)'라고 인사를 건넬 것이다. '메르시(고마워요)'나 '주부르메르시
(감사합니다)'라고 답하는 게 일반적이다. 사무실이나 엘리베이터
에서 떠날 땐 '봉주르네(좋은 하루 되세요)'나 '봉스와레(편안한 저녁
되세요)'라고 인사한다. '봉푼더스와레(편안한 하루 되세요)'라고 하
기도 한다.

직함이 있는 사람을 만났다면 직함을 포함해서 호칭을 부
르는 것이 중요하다. 퇴임 대사에게는 '머시우 랑배서더(전 대사
님)'라는 호칭을 쓴다. 회사의 대표를 부를 때 남성에게는 '머
시우 르 프레지덩(대표님)', 여성에게는 '마담 라 프레지덩(대표님)'
이라고 부른다.

'실부플레(실례합니다)'와 '메르시(감사합니다)' 역시 매우 중요한
표현이다. 낯선 이에게 말을 걸 때는 '익스퀴제무아 드부드랑
제(실례합니다만)'라고 말한 뒤 '제웅 뻐띠 프로블렘(약간의 문제가 생
겼습니다)'이라고 덧붙인다. 도움을 청할 땐 '에스끄 부 뿌이에메
데(도와주실 수 있나요?)'라고 말한다.

약수 예절

프랑스인은 만나고 헤어질 때 악수를 하며 업무상 만남에서도
마찬가지이다. 카페에서 친구를 만났을 때 친구가 여러 사람과

함께 있다면 한 사람 한 사람과 일일이 악수하는 게 일반적이다. 한 사람과 계속 얘기를 나누면서 다른 사람과 악수를 하는 경우도 있다. 악수하는 이유는 원래 위험한 무기를 갖고 있지 않다는 사실을 보이기 위함이었다.

키스

프랑스 남성과 여성은 대개 첫 만남에서 볼에 키스한다. 키스를 할지 악수를 할지 상대방을 보고 힌트를 얻으면 되지만 키스의 경우 반드시 양쪽 볼 모두 한다. 한쪽 볼에 몇 번 키스할지는 장소가 어디인지 상대방이 누구인지에 따라 달라진다. 첫 만남의 키스는 '레비스'라고 하고 '세페레비스(서로 볼에 키스하다)'라고 표현한다.

서로 말을 놓기

프랑스어를 공부한 사람이라면 격식을 차린 대명사 '부vous(당신)'와 격식을 차리지 않는 단수 대명사 '투tu(너)'의 차이를 알고 있을 것이다. 상대가 먼저 제안하지 않았다면 절대 '투tu(너)'를 사용하지 않는다. 상대방이 엄청난 모욕으로 여길 수 있는 지나친 친근함을 보이는 표현이기 때문이다. 영어권에서는 격식이 관계에서 거리감을 형성하는 요소로 작용하는 반면 프랑스에서는 서로 친근함을 용납하기 전까지는 '부(당신)'를 사용하는 것이 원칙이다. 아이들과 청소년, 학생들 사이에선 편하게 '투'를 사용한다. 작가이자 컨설턴트인 데이비드 햄프셔는 다음과 같이 표현했다. "반말은 어린이, 동물 그리고 신이 사용하는 표현이다. 절대 연장자나 상사에게 사용해서는 안 된다."

사실 '투'를 사용할 수 있는지의 기준은 좀 더 복잡해졌다.

젊은이들은 일상적으로 '투'를 사용하고 회사 동료를 '투 콜레지알(동료)'이라고 부른다. 애매할 때는 항상 '부(당신)'를 쓰고 상대방이 먼저 '투'를 쓸 때 같이 사용하는 게 좋다.

【 옷차림 】

예전에는 파리에 사는 영국 소녀가 어느 날 갑자기 말쑥해진 옷차림에 헤어스타일이 바뀌고 립스틱을 바르기 시작하는 것으로 프랑스인 남자친구가 생겼다는 사실을 알 수 있었다고 한다. 물론 상황이 많이 달라졌겠지만 옷차림의 중요성은 변하지 않았다. 남성에게는 어두운 색감을 띠는 정장, 밝은색 넥타이, 좋은 애프터셰이브 로션은 필수이다. 여성은 어떤 옷차림을 하건 단정함이 중요하다. 다른 말로 하자면 피부, 머리, 옷차림, 액세서리 하나하나를 꼼꼼히 따져보고 주의해서 선택해야 한다는 뜻이다. 프랑스인은 공공장소에서 지저분한 옷차림으로 '빈둥거리지' 않는다. 심지어 휴가지에서나 가게에 잠깐 빵을 사러 나갈 때조차도 널브러진 옷차림은 피한다.

프랑스에서는 어떤 사교활동을 위해서든 잘 차려입도록 노력해야 한다. 남성은 어두운 정장에 깔끔한 신발을 신고 여성은 칵테일과 저녁 식사를 곁들인 파티를 준비한다면 단정하고 우아한 드레스와 신발을 준비한다. 초대한 프랑스인이 '차려입지 않아도 괜찮아요'라고 하더라도 깔끔하게 다려진 명품 아르마니 청바지와 티셔츠, 혹은 입생로랑이나 크리스찬 라크르와 블라우스가 아니라면 평범한 청바지에 티셔츠는 금물이다.

성별과 관계없이 프랑스인이 가진 특징이 있다면 언제든 상대방의 우아함과 스타일을 알아보고 높이 평가할 준비가 되어 있다는 점이다. 여성에게 '부제뜨레일리간트(당신 오늘 정말 아름다워요)'는 상대를 유혹하는 말이 아니라 예의 바른 언행으로 받아들여진다. 한 프랑스인 여성은 파리의 라파예트 백화점에 들어섰을 때 한 남성이 30초 남짓의 순간 동안 자신을 바라봤을 때가 자신의 생애에서 가장 멋진 연애의 순간이었다고 고백한 바 있다.

정중함

프랑스 남성은 여성이 방에 처음 들어서면 자리에서 일어나서 맞이하고 항상 여성이 먼저 지나갈 수 있도록 문을 열어준다. 프랑스 여성은 다른 여성에게 일어서서 인사한다. 식사 중에는 손을 항상 무릎이 아닌 식탁 위에 둔다. 아이들은 팔꿈치를 식탁에 두지 않도록 교육받는다. 영국에 살고 있는 한 프랑스인 친구가 있었다. 친구의 어머니께서 파리에서 친구를 보러 영국에 오셨다가 딸이 식탁에서 무릎에 손을 두고 앉아 있는 모습을 발견하시자마자 '애야, 식사 예절을 잊은 거니?'라고 야단치셨다고 한다. 서구의 다른 지역에서는 이런 관습이 예전보다 많이 완화되었지만 프랑스인은 가정에서나 집 밖에서 편안한 분위기에서조차 어느 정도는 관대해진 격식을 여전히 고수하고 있다는 사실을 기억하는 것이 좋다. 사회적 신분이 상승할수록 격식은 대체로 더 엄격해진다.

데이트

나라를 불문하고 최근 데이트 앱을 통해 연애 상대를 만나는 일이 흔해졌다. 데이트 앱이 연애 당사자나 앱 개발자 어느 쪽에 도움이 되는지는 아직 지켜볼 일이다. 프랑스에서도 데이트 앱 이용이 보편화되었다. 한 조사에 따르면 약 절반 정도의 참가자가 데이트 앱을 1회 이상 이용해본 경험이 있는 것으로 나타났다. 프랑스에서 가장 인기 있는 데이트 앱은 틴더 범블, 해폰이다. 좀 더 연령대가 높은 그룹은 미틱, 바두, 아돕트언멕

을 주로 이용한다. 데이트 앱 이용이 꺼려진다고 해도 염려할
필요는 없다. 프랑스인은 서로 아는 사람을 소개해주는 경우
가 아직도 많기 때문이다. 영어권에서는 직장에서의 연애가 금
기로 여겨질 때도 있지만 프랑스에선 그렇지 않다. 프랑스어로
대화를 편안하고 자연스럽게 이어나갈 수 있다면 동네 카페나
바에서 마음에 드는 상대에게 말을 걸어보는 것도 나쁘지 않

은 방법이다. 얼마든지 시도해볼 일이다.

언어

프랑스 사회에 입문하는 여권은 바로 여러분이 가진 프랑스어 능력이라고 할 수 있다. 프랑스에서 살거나 정기적으로 프랑스를 방문할 계획이라면 가장 먼저 필요한 요건은 바로 프랑스어 실력이다. 프랑스어는 프랑스의 자랑이며 프랑스인은 프랑스어를 유창하고 올바로 말하는 사람에게 호감을 느낀다. 프랑스어를 통해 서로 좀 더 편안함과 친근함을 느낄 수 있다.

　프랑스어 교육 기관 중 가장 큰 곳은 프랑스어와 문화의 보급을 위해 1883년 설립된 '알리앙스 프랑세즈'와 세계 곳곳에 다양한 교육센터를 보유하고 있는 '벌리츠' 교육기업이다. 여러 대학에서 프랑스어와 프랑스 문화 강좌를 운영하고 있으며 '팔레팔러'처럼 회화반을 운영하는 곳도 많이 있다. 팔레팔러는 안드리앙 리즈와 마리 엘리자베스 코샤가 설립한 곳으로 현지인을 만나 45분은 영어로, 나머지 45분은 프랑스어로 회화를 연습하는 기관이다. www.adrianleeds.com에서 더 많은 정보를 얻을 수 있다.

프랑스어나 프랑스 문화 강좌는 프랑스 어린이들이 학교에서 배우는 기본 역사, 사회 지식을 제공하기 때문에 대화의 소재가 더 풍부해진다는 장점이 있다.

교실 밖에서도 프랑스어를 연습할 기회가 얼마든지 있다. 프랑스어를 익히는 핵심은 언어의 리듬에 익숙해지는 것이므로 자료를 듣거나 보는 것만으로도 충분히 실력을 늘릴 수 있다. TV, 라디오, DVD, 혹은 유튜브 역시 프랑스어에 '귀를 열 수 있는' 좋은 소재가 될 수 있다. 처음에는 단어 하나하나를 이해하려고 하기보다 전체적으로 어떤 내용인지 이해하는 연습이 중요하다. 그다음 숫자, 날짜, 장소나 사람의 이름을 제대로 파악하는 연습을 한다. 프랑스인은 종종 너무 빨리 얘기하기도 하지만 용기를 잃을 필요는 전혀 없다. 꾸준히 노력한다면 아주 서서히 대화를 이해하는 능력이 향상되고 있다고 느낄 수 있을 것이다.

또 하나 중요한 기술은 읽기이다. 처음부터 거창하게 「르몽드」 같은 신문이나 빅토르 위고의 작품으로 시작하지 말자. 슈퍼마켓 전단이나 「파리매치」, 「엘르」, 혹은 「헬로」 같은 잡지의 머리기사를 읽는 것도 괜찮다. 단어 하나하나를 이해하려고 애쓰지 말고 글의 요지를 파악하려고 노력하고 핵심 단어만 사전에서 찾는다.

말하기를 잘하고 싶다면 자신에게 혼잣말을 걸어보는 방법도 좋다. 무엇이 됐든 프랑스어로 최선을 다해서 설명하거나 일과나 쇼핑 목록을 큰 소리로 말해본다. 말하기에 대한 자신감을 기르는 데 도움이 될 수 있다.

사전은 꼭 필요한 물건이므로 언제든 찾아볼 수 있는 장소에 둔다. 매일 사전을 통해 새로 익힌 단어를 확인한다. '하랩스 영어-프랑스어 사전'은 프랑스어를 배우려는 영어 원어민들의 필수품으로 인정받아왔다. 프랑스어 사전 중에는 '딕셔네어 호베트'가 추천할 만하다.

단어와 표현에 관한 질문으로 대화를 시작하는 것도 좋은 방법이다. 프랑스어 공부를 대화의 수단으로 활용한다. 프랑스어를 배우려는 노력으로 웃음을 유발하게 된다면 실컷 웃고 난 다음 내용을 꼭 기억해둔다. 주변인들은 여러분의 프랑스어 공부가 어떻게 진행되고 있는지 물어보기도 하고 새로운 단어나 표현을 알려주기도 할 것이다. 노력은 결과를 배신하지 않는다.

【 수줍음 】

프랑스인은 대화의 기교와 재간에 큰 가치를 부여하고 능숙한 말솜씨에 자부심을 느낀다. 하지만 프랑스인 중에도 수줍음이 많은 사람이 있기 마련이고 그런 이들은 대화하려면 큰 노력이 필요하다.

하지만 노력이 중요하므로 상대방이 얘기한 내용을 들은 그대로 다시 반복하는 방법으로 대화를 시도해본다. 가게 같은 곳에서 시도해볼 만하다.

【 동네 가게 주인과 친구 되기 】

프랑스는 관계를 기본으로 삼는 문화를 가지고 있다. 다른 말로 표현하자면 상대방이 아주 조금이라도 여러분을 알고 있다면 도움이 되려고 수고를 아끼지 않을 것이라는 뜻이다. 정기적으로 동네 가게를 방문해서 정육점 주인이나 빵집 주인, 혹은 철물점 상인 등과 좋은 관계를 유지한다. 물건을 추가로 주문하거나 관심을 보인다면 가게 주인이나 손님이 모두 만족할 수 있고 원하는 물건도 얻을 수 있다. 파리의 어느 지역에 있는 가게에서나 프로방스의 어느 마을에 있는 가게에서나 마찬가지이다.

대화의 기술

프랑스에서의 삶은 음식과 연관되는 부분이 많긴 하지만 대화 또한 음식에 버금갈 만큼 중요하다. '르 그랑 르빠(긴 시간 함께 하는 중요한 가족 만찬)'는 몇 시간 동안 이어지므로 길게 대화할 좋은 기회가 되기도 한다. 프랑스인들은 스포츠에서부터 철학, 정치, 영화에 이르기까지 다양한 주제를 심도 있게 토론하는 것을 즐긴다. 슈퍼마켓에 잠깐 가거나 길거리에서 우연히 마주치거나, 혹은 점심 식사까지도 토론으로 시간이 길게 소요되기도 한다.

대화하다 보면 생동감이 느껴질 수 있다. 사람들은 유창하게 말하기도 하고 몸짓으로 얘기하기도 한다. 서로 말을 끊기도 하고 재빨리 주고받기도 한다. 다른 사람이 보기에 대화가 공격적으로 바뀌기도 하지만 프랑스인은 양육과정에서 경쟁심이 강하게 길러지기 때문에 문제가 되지 않는다. 프랑스인은 또한 풍자적 유머 감각이 있고 재치 있는 답변에도 능숙하다. 하지만 정색하는 건 정정당당하지 못한 행동이다. 사람들이 민감하게 느낄 수 있고 자존심이 상처받게 될 수도 있기 때문이다.

외국인들은 프랑스인에게는 따분한 사람으로 보일 수 있다. 흥미가 없어서라기보단 답변하는 데 오랜 시간이 걸리기 때문이다. 간결은 재치의 정수이고 프랑스인에게 위트 자체가 대화의 기술이다. 그러므로 너무 오래 이야기하지 않는 게 중요하다. 프랑스인은 상대방이 지루해하지는 않는지 항상 확인하기 때문에 우리 역시 같은 태도를 보이는 게 좋다. 프랑스어를 하든 영어를 하든 속어나 은어는 항상 조심해서 사용해야 한다. 천박하다고 느껴질 수 있기 때문이다. 또한 입에 음식이 있는 상태에서 얘기하는 것은 무례해 보일 수 있으므로 조심한다.

어색함을 줄일 수 있는 대화	어색함을 유발하는 대화
프랑스에서 매력적이라고 생각하는 지역	프랑스와 자국의 실업률 비교
음식과 와인 (치즈를 포함)	프랑스와 영국의 경쟁 관계에 대한 역사 (너무 낡은 주제임)
식스 네이션스(잉글랜드, 스코틀랜드, 웨일스, 아일랜드, 이탈리아, 프랑스의 정기 럭비 유니언 국가 대항전), 스포츠 경기(예: 투르 드 프랑스, 2024 올림픽)	프랑스 와인 대신 뉴질랜드 와인을 좋아하는 이유

금기시되는 주제는 없는 편이지만 돈에 관련된 이야기는 바람직하지 않다. 특히 상대방이 얼마나 버는지, 어떤 품목에 얼마나 소비했는지 등은 무례한 질문이 될 수 있다.

정치 관련 이슈나 프랑스의 시사 관련 주제는 대체로 무난하지만 개인의 정치 성향이나 종교에 관한 질문은 삼간다. 프랑스인은 사적인 삶을 사적으로 유지하길 원하기 때문이다. "무슨 일을 하세요?" 같은 질문은 미국인이나 영국인과 마찬가지로 프랑스인도 긍정적으로 받아들이지 않는다. 처음 만난 자리에서 지나치게 개인적인 정보에 관한 질문은 조심하도록 한다.

프랑스인은 자국의 영웅을 매우 자랑스러워하므로 프랑스의 영웅을 비판하거나 조롱하지 않는 게 좋다. 다른 나라들과 마찬가지로 특정한 역사적 기간에 대한 언급이나 전쟁에 관련된 질문은 곤란한 상황을 초래할 수 있다. 제2차 세계대전에 관한 토론은 연장자에게 고통스럽거나 당황스러울 수 있고 그보다 비교적 최근에 있었던 알제리 전쟁과 같은 주제를 꺼낸다면 불쾌한 식민지 인종주의 이슈와 탈식민지화 트라우마를 불러일으킬 수 있다. 대화 분위기를 잘 살피는 게 좋다.

• 페르가프(조심해)! •

영국인 조각가 할 윌슨은 프랑스에서 6년간 거주한 뒤 현지 감성을 얻을 수 있었다. 그때 제2차 세계대전 중 독일에 대항한 프랑스 레지스탕스 영웅을 주제로 한 건축물의 디자인을 의뢰받았다. 윌슨은 '날개 달린 승리의 조각상'을 창작했다. 의회는 그의 작품에 감탄했지만 시장은 작품이 공산주의의 영감을 받은 것이며 쓰레기로 만들어진 것이라는 이유로 받아들이지 않았다. 결국 그 작품은 좌파 시장이 이끄는 가까운 마을에 설치되었다. 처음 조각상을 제안했던 시장은 필리프 페탱이 비시를 중심으로 이끌었던 친독 정부가 신을 믿지 않는 레지스탕스 투사들과 달리 가톨릭교를 믿는다고 생각했던 것으로 보인다. 이 사건은 제2차 세계대전이 끝나고 6년 후에 일어난 일이다. 프랑스인 말대로 '페르가프(조심해)!'.

05

일상생활

도시 지역에 있는 프랑스인의 집은 대체로 아파트 형태로 임차하는 경우가 많다. 프랑스 거리를 걷다 보면 커다란 목재나 금속재 문이 달린 4층 혹은 5층짜리 빌딩이 약간의 간격을 두고 줄지어 늘어선 풍경을 볼 수 있다. 문밖에 있는 벨을 누르고 문이 열리면 먼저 마당을 볼 수 있다. 마당 안쪽의 엘리베이터나 계단을 통해 아파트로 들어설 수 있다.

프랑스인의 집

도시 지역에 있는 프랑스인의 집은 대체로 아파트 형태로 임차하는 경우가 많다. 프랑스 거리를 걷다 보면 커다란 목재나 금속재 문이 달린 4층 혹은 5층짜리 빌딩이 약간의 간격을 두고 줄지어 늘어선 풍경을 볼 수 있다. 문밖에 있는 벨을 누르고 문이 열리면 먼저 마당을 볼 수 있다. 마당 안쪽의 엘리베이터나 계단을 통해 아파트로 들어설 수 있다.

대부분 아파트에는 (대개 여성) 관리인이 1층에 살면서 우편물을 관리하고 계단이나 복도를 청소해준다. 프랑스 문학작품에서 관리인은 신화와 전설을 가진 인물로 등장한다. 하지만 실제로는 건물이나 출입하는 이들을 지켜보는 역할을 한다.

요즘은 아파트의 인터폰을 누르고 이름을 말하면 건물 내부의 버튼으로 현관 출입문을 열어준다. 현관문을 비밀번호로 관리하기도 한다. 현관 비밀번호를 모르면 휴대전화를 이용해 건물 내부의 지인에게 물어보는 것이 좋다. 그렇지 않으면 출입에 오랜 시간이 걸릴 수도 있다.

건물에서 공용으로 사용하는 공간의 모습과 아파트 내부의 화려함이 차이가 나는 경우도 많다. 프랑스에서는 전기료가 비싸서 복도는 대부분 일정 시간 동안만 켜지는 등을 사용하므로 꼭 필요할 때 오히려 꺼져버릴 때도 있다. 계단이나 복도를 따라가면서 전등 스위치가 어디 있는지 미리 봐두면 편리하다.

프랑스의 아파트는 방이 여러 개 있는 큰 곳부터 예전에 가사 도우미용으로 쓰던 아주 작은 규모의 옥탑방까지 다양하다. 영국 출신이면서 프랑스에 살고 있던 요리사 레이첼 쿠는 원룸 아파트를 레스토랑으로 꾸며 자신이 만든 TV 요리 프로그램 '더 리틀 파리 키친'의 세팅장으로 활용했다.

음식에 집착하는 나라인 프랑스답게 부엌은 놀라울 정도로 규모가 작으면서도 개인적인 공간이 되기도 한다. 집주인과 이야기를 나누다가 무심코 부엌에 따라 들어가는 일은 프랑스에선 실례가 될 수 있다.

【 별장 】

도시 거주자들은 시골에 별장을 보유하거나 부모님이 지방에 사는 경우가 많다. 시골 거주자들이 도시로 많이 이사하면서 시골 마을의 작은 집은 적당한 가격의 별장을 찾는 프랑스인과 외국인에게 인기가 많다.

프랑스인은 누구나 자신만의 개성이 가득한 집과 정원을 갖는 꿈을 가지고 있다. 물론 모두가 그 꿈을 이룰 수 있는 것은 아니다. 만약 브리타니에서 꿈에 그리던 집을 찾더라도 각 지역에 따라 건물 재료와 스타일에 제한요소가 있기 때문이다.

【 주택 】

도심지역을 벗어나면 다양한 주택과 별장을 볼 수 있다. 프랑스는 전통적으로 지역별 특성이 매우 강하며 대체로 친척들과 가까이 살면서 가족과 교류를 이어나가길 원한다.

【 가구와 비품 】

프랑스의 집은 임대하거나 팔 때 세간과 살림살이를 포함하지 않기 때문에 간소한 살림 도구나 찬장, 선반, 화장실 휴지걸이조차도 없는 집에 들어가게 될 수도 있다. 각자의 집에 꼭 들어맞는 설비나 물품을 구하기 어려울 수도 있으므로 새로운 집이나 아파트에 입주하기 전 부동산 중개인에게 먼저 확인하는 게 좋다.

비데와 욕실

프랑스의 집 욕실에는 변기가 같이 있기도 하고 별개 공간에 따로 있기도 하다. 변기 옆에 수도꼭지가 있는 낮은 세면기는 비데이다. 비데는 여성들을 위한 세면기이다. 영화 〈크로커다일 던디〉에서 폴 호건이 뉴욕UN 플라자 호텔에서 머물던 자신의 방에서 비데를 발견하는데 상대역의 린다 코스로우스키가 올바른 사용법을 알려주는 장면이 등장한다.

좌변기에 대해서도 알아둘 필요가 있다. 동양식 변기는 바닥에 구멍이 있고 양쪽에 발을 둘 수 있는 작은 공간이 있어서 서거나 쪼그려 앉을 수 있다. 요즘은 수세식 변기로 바뀐 곳이 많지만 고속버스 휴게소 같은 오래된 장소에는 아직 동양식 변기가 남아 있을 수 있다.

【 프라이버시 】

프랑스인 작가 레이몬드 캐롤은 자신의 저서 『문화적 오해』에서 처음 미국에서 '거리에서 사는 것'과도 같은 미국인의 집을 보고 느낀 충격을 묘사한다.

미국인의 집은 앞뜰이 좁고 울타리나 커튼이 없어서 항상 외부에 노출되어 있는 것이나 마찬가지라고 표현했다. 이와 대조적으로 프랑스의 집은 벽과 담장으로 외부와 분리되어 있고 가족의 사생활을 보호하기 위해 초저녁부터 커튼을 친다. 프랑스인이 얼마나 자신의 사생활을 철저히 보호하길 원하는지 다시 한번 강조하는 부분이기도 하다.

【 결혼과 가족 】

많은 연인이 동거를 선호하면서 결혼하는 커플 수는 예전보다 줄었고 출산율도 해마다 감소하고 있다(동성 커플 포함). 프랑스의 오늘날 평균 가족 수는 2.38명으로 OECD 평균인 2.68보다 훨씬 적은 숫자이다. 이혼율은 10년 전과 비슷하며 유럽 평균치보다 낮다. 가족이 같이 있는 동안에도 스마트폰이나 태블릿 화면을 보는 시간이 늘어남에 따라 가족 간의 관계는 더 나빠지고 있다. 하루에 화면을 보는 시간이 평균적으로 4시간에서 8시간 가까이 되면서 가족 서로 간의 소통이 원활하지

않은 모습은 어쩌면 당연한 결과일 것이다.

프랑스인의 자녀 양육에 대한 태도는 다른 서양인의 모습과는 사뭇 다르다. 서구권 가족은 개인주의에 초점을 맞춰 자녀가 가진 재능과 개인적 성향을 발달시키는 데 중점을 둔다. 반면 프랑스 가족은 전통적으로 자녀가 프랑스 사회의 관습을 따르는 모범 시민으로 자라나길 원한다. 사회적 정체성을 기르는 것이 자기표현을 권장하는 것보다 더 중요하게 취급되는 것이다. 프랑스 부모 역시 누구보다 자녀를 사랑하고 애지중지하지만 다른 방식을 따른다고 볼 수 있다. 가정교육을 잘 받은 아이는 어느 정도 기본적인 태도와 가치를 존중하도록 길러져야 한다고 믿고 그러한 기준을 위협할 수도 있는 사회의 붕괴를 걱정하는 것이다.

【 점잖음 】

프랑스의 중산층 가족은 자녀를 엄격히 기르고 미국 아이들보다 자유를 제한하는 편이다. 프랑스인 부모는 자녀의 말을 듣거나 응석을 받아주기 위해 자신이 하던 일을 멈춰야 한다고 생각하지 않는다. 이는 심리적 학대가 아니라 사회적 설득이라고 생각한다. 프랑스 자녀들은 재치 있거나 상대방의 관심을 끌기 위해 알맞은 시점을 선택하는 법을 배운다. 점잖음과 버릇없는 태도를 구분하는 것이다. 폴리 플랫은 자신의 저서 『프랑스인 혹은 적수?』에서 프랑스인 어머니는 어리석음, 나쁜 안목, 버릇없는 태도, 재미없는 의견, 부적절한 반응, 흐트러진 생김새를 주저하지 않고 지적한다고 설명한다.

사회 체계의 압박, 한부모 가정과 혼외 자녀의 증가, 일하는 여성의 고뇌, 분열된 삶의 태도와 같은 다양한 요소가 있는데도 점잖음을 추구하는 관습이 지속되고 있다는 점은 매우 흥미롭다.

앞서 언급했던 바와 같이 프랑스인은 프랑스 내에 존재하는 두 가지 사회, 즉 '가진 자'와 '가지지 못한 자'를 날이 갈수록 점점 더 의식하게 되었다. 1995년 발표된 영화 〈증오〉는 불만을 품은 젊은이들의 문제를 집중해서 다루었다. 프랑스식 태도로 살고 행동하길 기대하는 나라에서 예전에는 없던 경제적, 사회적 계층이 생긴다면 이는 해결되어야 할 문제이다.

【 가족 내 위계질서 】

프랑스 가정에서는 남편이 전통적으로 '왕'이었다. 하지만 맞벌이 부부가 증가함에 따라 태도가 바뀌고 평등 개념이 도입되었다. 프랑스인 남편을 둔 많은 외국인 아내가 얘기하는 대로 남편을 잇는 다음 서열은 질투 어린 시선으로 며느리의 행동을 감독하고 며느리가 손자, 손녀를 어떻게 기르는지 감시하는 시어머니이다. 특히 미국인이나 영국인 며느리는 시어머니가 이런 태도를 보인다면 더 힘들어할 수 있다.

젊은 가정에서는 남편과 아내가 좀 더 동등하고 서로 화합하며 시어머니와의 관계도 나아지는 추세이다. 하지만 프랑스 자녀들은 대체로 아직도 냉장고를 마음대로 뒤지거나, 정리하는 걸 깜박하거나, 허락 없이 차를 빌리거나, 부모에게 말대꾸하거나, 집안을 자신들의 것으로 여기거나, 친구들에게 그렇게 하라고 권하진 않는다.

좀 더 분열되고 작은 형태를 가진 미국이나 영국 가족과는 달리 프랑스 가족에게는 형제나 여러 세대가 가까운 거리에 살며 서로 자주 연락을 주고받는 것이 매우 중요하다. 이를 통해 강한 유대감을 지속하므로 좀 더 자유로운 가치와 관계를 유지하는 미국이나 영국 가정보다 결속력이 강한 프랑스식 가족 관계를 유지하고 있다.

물론 가족과 멀리 떨어져 사는 '이단자'는 있기 마련이지만 프랑스에서 이런 행동은 일반적이라기보다 일탈로 간주된다.

반면 미국이나 영국에서는 공통의 행동이나 가치로 이어진 끈 끈한 가족 관계를 중시하긴 하지만 일반적인 사회적 이상은 아니라고 할 수 있다.

교육

프랑스 부모에게 교육은 엄청나게 중요하다. 자녀는 학구적 성취도를 증명할 수 있는 중요한 증서를 최대한 많이 얻어야 한다. 미국과 영국인의 사회생활에서는 경험이 중요하다. 하지만 프랑스인의 삶에서 중요한 것은 올바른 교육과 자격증이다. 이런 이유로 프랑스에서 일하길 원하는 미국인이나 영국인 경력 교사들이 프랑스에서 증명할 수 있는 학위 증서가 없다는 이유로 경력이 저평가되는 일을 경험하고 충격을 받기도 한다.

의무 교육은 6세부터이지만 대부분의 아이들은 3세나 4세가 되면 보육원에 다니기 시작한다. 의무 교육은 16세까지이지만 대부분은 18세까지 학교에 다닌다. 아이들 대부분이 다니는 공립학교는 무료이지만 최고의 교육을 제공하는 것으로 정평이 나 있다. 수요일마다 한나절만 등교하는 학교도 있다. 교

육 시스템은 매우 경쟁적이며 학업 성취도가 일정 수준에 도
달하지 못한 경우 반드시 재수강해야 한다. 모든 프랑스 학생
은 자세한 내용이 공개되어 있는 동일한 국가 교육과정을 따
른다.

자녀를 사립학교에 보내는 학부모도 있다. 가톨릭 사립학교
가 대부분이고 특정 종파 소속 학교도 있지만 사립학교 역시
공립학교와 같은 국가 교육과정을 제공한다.

사립학교는 국가와 계약관계에 있으므로 국가에서 교사의
월급이나 건물 유지비를 제공한다. 교육비는 저렴해서 부모들

은 종교적 이유보다는 지리적 편의성, 학교의 명성, 시설 등을 이유로 자녀가 다닐 학교를 선택한다. 공립이나 사립학교 어느 쪽이든 연필, 공책, 일부 교재 등은 학부모가 사비로 마련해야 하지만 학교에서 대여해주기도 한다. 공립 혹은 사립 기숙학교 학부모가 저소득가정에 해당된다면 비품 구매를 위한 보조금을 신청할 수 있다. 학업 성적 우수자도 장학금 혜택을 누릴 수 있다.

프랑스인은 프랑스 문학의 전통과 명망에 대한 자부심이 대단하다. 하지만 교육과정에서는 문학보다는 논리적 사고를 요구하는 까닭에 전통적으로 지능을 판단하는 기준이 되어온 수학이 더 중요한 과목으로 인정받고 있다. 철학은 고등학교 교과 과정에서 의무 과목으로 지정되어 있다.

【 프랑스인의 학교생활 】

학생들이 학교에 입학하거나 새 학기를 시작하는 9월 신학기는 전국적인 행사이다. 학부모들은 교재, 문구, 스포츠용품뿐만 아니라 자녀들의 새 옷을 장만하기 위해 비용을 지출해야 한다. 프랑스 학생들은 교복을 입지 않는다.

학교에 입학하는 첫해부터 매년 학생들은 공개 경쟁시험을 치러야 한다. 매 학년말에 일정 수준의 성적을 얻지 못하면 친구들처럼 진급하지 못하고 한 해를 재수강해야 한다.

프랑스 학교에 다니게 된 외국인 아이들은 프랑스 학생들이 학업에 얼마나 몰두하는지 전혀 감을 잡지 못한 채 다니기 시작하는 경우도 종종 있다. 학기는 9월부터 6월까지이며 2월, 부활절, 10월, 크리스마스에는 쉰다.

프랑스 학교에서는 배움과 논리적 사고를 크게 강조한다. 이는 다시 말하면 수학을 중시한다는 뜻이기도 하다. 반면 미국 교육은 마음, 표현, 창의성 함양을 추구하며 영국도 비슷한 추세로 가고 있다. 프랑스의 중, 고등학교 교육은 지식을 통해 정신을 함양하고 사회로 나가는 준비를 하는 데 중점을 둔다.

프랑스 고등학교 졸업시험은 '바칼로레아'라고 부른다. 바칼로레아에서 적정 수준의 점수를 얻으면 대학 입학 자격이 주어진다. 학사 과정은 3년이 걸리고 추가로 2년을 더 공부하면 석사학위를 얻을 수 있다. 바칼로레아 증명서가 있으면 누구나 대학에 갈 수 있지만 특히 '그랑제콜'은 미래의 고위 간부, 공무원, 정치인을 배출하는 입학이 매우 까다로운 교육 기관이다. 그랑제콜은 평생의 인맥을 형성하는 곳으로 졸업자들은 정계와 산업계를 넘나들며 활동한다.

그랑제콜

그랑제콜은 프랑스 교육 시스템의 정점에 있다. 또한 인생을 결정짓는 요소가 된다. 미국에서라면 아이비리그, MIT 같은 우수 교육 기관과 비교될 수 있고 영국에서는 옥스퍼드나 케임브리지대학을 들 수 있다. 경쟁시험을 통해 입학이 결정되며 4년간의 혹독한 학업을 마치고 졸업에 성공하면 모두가 갈망하는 그랑제콜 졸업자라는 타이틀을 얻거나 그랑제콜 대학원 중 하나인 국립행정학교ENA에 가거나 프랑스의 MIT로 불리는

파리 소르본대학교

'에콜 폴리테크니크'에 간다. ENA를 졸업하면 '에나크'로 불린다.

에콜 폴리테크니크 졸업생은 '엑스^X'로 불린다. ENA 졸업생은 정계, 공무원, 산업계의 고위직을 맡게 되고 어쩌면 원하는 곳이라면 어디든 옮겨 다니며 커리어를 넓힐 수 있다. 학위 증서가 눈부신 미래로 향하는 여권으로 작용하는 것이다.

ENA 졸업생은 다른 졸업생을 '투^{띠}(너)'로 부를 자격을 얻게 되고 에콜 폴리테크니크 졸업생 '엑스'는 결혼식장에 입장할 때 줄지어 엑스자로 도검을 든 동문들의 행렬을 통과해 입장하고 축하받을 수 있다. 또한 결혼식 초대장에 '에콜 폴리테크니크 졸업생'이라고 쓸 수 있다. 최근에는 최고 인재 양성을 위해 그랑제콜에서 외국인 입학을 허락하고 있으며 영어로 시험을 치를 수도 있다.

명문 학교에 경쟁시험을 거쳐 입학하기가 얼마나 어려운지, 그리고 졸업생에게 주어지는 영광이 얼마나 대단한 것인지는 아무리 높이 평가해도 지나치지 않다. 24세 무렵에 졸업과 동시에 화려한 인생이 펼쳐지는 것이다. 이런 방법으로 프랑스는 정계, 공무원, 산업계를 쉽게 넘나들며 서로 간에 긴밀한 유대를 유지하는 엘리트를 양성하는 것이다.

니콜라스 사르코지 전 프랑스 대통령이 이룬 눈에 띄는 개혁 중 하나는 프랑스의 사회과학 중심의 최상위 명문 그랑제콜인 '시앙스포'를 대중화한 것이다. 리차드 데스코잉이 책임자로 있던 시절 시앙스포는 지방 캠퍼스를 열고 영국, 미국 등의 일류 대학과 제휴하고 외국인 학생을 받아들이기 시작했다(리차드 데스코잉은 2012년 뉴욕에서 사망했다). 그뿐만 아니라 학업 성적이 아니라 학생이 가진 향후 가능성을 바탕으로 한 입학 체계를 도입하기도 했다. 이러한 움직임으로 시앙스포는 프랑스의 일류 교육 기관일 뿐만 아니라 세계적 일류 교육 기관으로 우뚝 서게 되었다.

2019년 파리와 프랑스 전역에 걸쳐 지속해서 일어났던 노란 조끼 저항 운동 이후, ENA 졸업생이기도 한 마크롱 대통령은 ENA와 유사 교육 기관이 더욱 공정하고 사회 구성원 모두에게 폭넓게 열려 있는 기관이 될 수 있도록 개혁하는 방안을 제안했다. 하지만 정부 의뢰 보고서 이외에는 구체적인 후속 조치가 따르지 않으면서 아직 제안으로 남아 있는 상태이다.

병역 의무

평시 군 징병은 1996년 중단된 상태이지만 이미 군 복무 중인 이들은 복무를 마쳐야 했다. 1998년 자크 시라크 전 대통령은 군 복무를 대체하는 '국방 및 시민권의 날'을 도입하고 16세에서 18세 사이의 모든 소년, 소녀가 참석하도록 하는 방안을 도입했다. 젊은이들이 프랑스 시민으로서의 권리와 의무를 익히고 국가 헌법과 국가 방위에 관련된 현안에 대해 이해하도록 돕기 위한 것이다.

마크롱 대통령은 2018년 16세에서 21세 사이의 모든 젊은이가 한 달간 자선활동을 하거나 경찰, 소방대 혹은 군대에서 군사훈련을 의무적으로 수행하도록 하는 새로운 법안을 제안했다. 원하면 추가로 석 달간 자선단체나 다른 기관에서 국방, 보안 및 자선활동을 할 수 있다. 2015년의 한 여론조사에 따르면 프랑스 국민 80퍼센트는 일종의 강제 병역이 단합을 장려하고 사회의 다른 구성원과 어울리게 하며 프랑스 공화국의 가치에 대한 자긍심을 높이고 국민의 단결에 도움이 된다고 답한 것으로 나타났다. 하지만 새로이 도입된 병역 프로그램은 아직 없는 상태이다.

일상생활

프랑스에서의 일상생활은 주당 근무시간에 따라 정해진다. 성인들은 보통 오전 7시에 일어나 아이들을 등교시키고 출근하며 업무는 대개 9시부터 시작된다. 프랑스의 아침 식사는 (우유를 곁들인) 커피, 빵, 버터, 잼, 비스꼬뜨 혹은 토스트로 구성된다. 학교는 8시 30분에 시작하며 오후 4시 30분에 하교한다. 학생들은 점심을 학교 카페테리아에서 먹는다.

큰 도시에서는 점차 사라지는 전통이긴 하지만 2시간에 걸친 점심 식사는 여전히 중요하게 간주되기 때문에 12시 30분에서 2시나 2시 30분까지는 이어지는 편이다. 근무시간은 보통 오후 6시에 끝나지만 혼잡한 퇴근 시간대 지하철을 피하길 원하거나 업무량이 많을 때는 저녁 7시나 8시까지 근무하기도 한다.

쇼핑 또한 프랑스인의 삶에서 중요한 부분을 차지한다. 프랑스인은 신선한 음식 재료는 소량씩 필요할 때마다 구매하고 냉동고에 저장할 수 있는 물품과 음식은 슈퍼마켓에서 구매한다.

저녁 시간에는 집에서 식사하고 TV를 시청하거나 자녀들의 다음 날 등교 준비를 지도한다. 저녁 식사는 7시에서 8시

정도에 한다. 주말에는 일과가 조금 달라진다. 프랑스인은 열심히 일하는 삶을 중요시하지만 일벌레는 아니다. 주말은 쉬면서 친구들을 만나고 스포츠를 즐기며 먹고 마시고 여유 있는 시간을 누린다. 누구든 가장 먼저 일어나는 사람이 아침 식사를 위해 신선하게 구운 빵과 크루아상을 사러 나간다. 점심에는 대가족이 함께 모이기도 하는데 식전주를 시작으로 여유로운 식사를 즐기고 브랜디와 리큐어 그리고 커피를 한가롭게 즐긴다.

유행에 민감한 사람들은 프랑스인이 비교적 간편한 옷차림을 한다는 사실을 흥미롭게 받아들인다. 그들만의 비법이 있다면 바로 고급스러움과 스타일이다. 경우에 맞는 옷차림보다는 옷의 스타일과 옷감의 재질, 그리고 액세서리가 중요하다. 전 세계에서 가장 잘 알려진 프랑스 패션 브랜드가 한둘이 아니지만 프랑스인은 옷에 붙은 라벨에 그다지 집착하지 않는다. 대신 전체적인 차림새는 중요하다.

06

여가생활

프랑스인은 주중에 열심히 일하고 주말은 가족과 함께하거나 문화와 여유를 즐기며 친구를
만나고 시간을 보내거나 수다를 떤다. 대화의 기술을 중요하게 생각하며 쉬는 동안에는 휴식
을 즐긴다. 정원을 걷거나 취미로 뭔가 만들기도 하고 나가서 친구와 먹고 마시는 시간을 갖
는다.

프랑스인은 주중에 열심히 일하고 주말은 가족과 함께하거나 문화와 여유를 즐기며 친구를 만나고 시간을 보내거나 수다를 떤다. 대화의 기술을 중요하게 생각하며 쉬는 동안에는 휴식을 즐긴다. 정원을 걷거나 취미로 뭔가 만들기도 하고 나가서 친구와 먹고 마시는 시간을 갖는다.

쇼핑

프랑스인은 인생을 즐기고 싶어 하며 쇼핑 역시 예술의 형태로 접근한다. ('오샹'이나 '까르푸' 같은) 상점이나 대형 슈퍼마켓이 점차 늘어나고 있지만 이런 대형 상점에서도 신선한 현지 상품을 판매하며 작은 형태의 가게 역시 다양하다. 그중에서도 가장 주된 품목은 빵집으로 주로 오전 7시 30분에 열고 저녁 7시나 8시까지 신선하게 구운 빵을 판매한다. 보통 가늘고 긴 프랑스빵을 바게트라고 부르지만 프랑스 현지에서는 다양한 두께와 길이를 가진 수많은 이름의 빵을 보게 될 것이다. 빵집에는 '빠띠스리(페스트리)'라고 불리는 딸기나 애플 타르트와 케이크 등이 있으며 다양한 별미가 있다.

유명한 파리의 빵집 '듀팡 에데 이데'

【 시장 】

시장은 가게만큼이나 중요하다. 시장은 작은 도시와 마을에서
번갈아 열리므로 시청이나 관광안내소 홈페이지에서 시장이
열리는 날을 검색할 수 있다. 프랑스인은 상품의 신선도를 중
요하게 생각하기 때문에 신선한 과일이나 채소, 고기, 치즈를
현지 농민에게서 직접 구매하는 기회에 큰 가치를 둔다. 파리
에서는 각 아롱디스망의 광장에서 토요 정기 시장이 열린다.
단, 장바구니를 챙겨 가는 게 좋다. 일회용 봉투가 제공되기도
하지만 기대하지 않는 편이 낫다.

보르도의 까프상 시장에서 물건을 고르고 있는 현지인들

시장은 음식만 판매하는 것은 아니다. 중고품, 골동품도 있다. 파리의 클리냥쿠르 벼룩시장은 전 세계 최대 규모의 유명한 벼룩시장이다.

다양한 종류의 시장은 미국의 쇼핑몰이나 영국의 쇼핑센터와 유사하며 주요 명소라고 할 수 있다.

【 온라인 쇼핑 】

점점 더 많은 사람들이 온라인 쇼핑을 선호하면서 프랑스의 전자 상거래 가치는 유럽 전체 온라인 쇼핑 거래의 약 20퍼센트를 차지하고 있다. 프랑스에서 가장 인기 있는 온라인 쇼핑몰은 아마존, 르봉쿠안, C디스카운트, 이베이 등이다.

　프랑스에서는 특히 온라인으로 물품을 고르고 가까운 장소에서 직접 픽업하는 '클릭 앤 콜렉트' 서비스가 인기를 끌고 있어서 아마존은 구매자가 물품을 직업 픽업할 수 있도록 전국의 철도역에 약 1,000개의 물품 보관함을 설치할 계획을 발표했다.

【 결제와 금융 업무 】

아직도 많은 상점과 교통수단을 이용할 때 현금 결제가 가능하긴 하지만 이제는 신용카드나 현금카드가 대세로 자리 잡았다. 약 90퍼센트에 가까운 프랑스 국민은 스마트폰을 가지고 있어서 디지털 지불 방식이 인기를 얻고 있으며 더욱 폭넓게 도입되고 있다.

　프랑스의 은행은 월요일에서 금요일까지 주중 오전 8시 30분이나 9시에 영업을 시작하며 오후 4시나 5시 30분에 문을 닫는다. 규모가 작은 지역 은행 지점은 영업시간이 좀 더 짧은 곳도 있다. 일주일에 하루 문을 닫는 은행도 있고 부분적으로 영업시간을 확대하는 곳도 있으므로 이용 전 확인하는 것이 좋다. 우체국 역시 은행 업무를 제공하기도 하며 도시 지역에서는 ATM 기기 이용이 가능하고 규모가 큰 슈퍼마켓에서도 이용할 수 있다. 은행은 일요일과 공휴일 문을 닫지만 외국환 거래소는 문을 열기도 한다.

은행에 따라 출입문 사이에 보안 에어락 시스템이 작동되는 곳도 있다. 빨간 버튼을 누르면 초록색으로 바뀌고 문에 있는 잠금장치가 풀린다. 두 번째 문에서도 같은 과정을 반복한다. 한 번에 한 사람씩 들어갈 수 있다.

【유로】

EU 국가 대부분이 채택하고 있는 유로는 전 세계에 걸쳐 많은 다른 국가에서도 현지 화폐를 대체할 수 있는 환전 수단으로 이용된다. 어떤 면에서는 미국 달러만큼 보편성을 갖게 되었다. 프랑스에서는 특히 유로 현금이 많이 사용되기 때문에 이탈리아, 스페인, 독일, 네덜란드, 벨기에 등 다른 EU 국가를 여행할 계획이라면 유로 현금을 충분히 준비하는 것이 좋다.

국가 통화로 유로를 도입해 사용하는 국가나 지역을 통틀어 부르는 유로존은 새로운 EU 국가, 특히 중유럽과 동유럽 국가를 회원으로 받아들이지 않고 있으며 영국은 이제 EU를 탈퇴했다. 따라서 유럽을 여행하기 전 국가 통화를 꼭 확인하는 게 좋다.

대형 이벤트

대형 이벤트에는 콘서트, 갈라쇼, 전시 등이 포함된다. 신문 광고나 도시 곳곳에 붙은 포스터로 홍보하는 대형 이벤트는 중요한 사회적 행사로 프랑스인 혹은 미국인 스타가 야외 콘서트를 열기도 하고 스포츠나 댄스 경연대회가 열리기도 한다. 프랑스에선 재즈가 인기 있어서 매년 남부의 앙티브에서 주요 재즈 축제가 열리기도 한다.

　연극 공연 역시 인기가 있어서 파리에 있는 '코메디 프랑세즈'는 고전 극장 팬들을 위해 피에르 코르네유, 장 라신, 몰리에르와 같은 고전 극작가의 작품으로 정기 공연을 선보이고 있다.

영화

영화는 백 년이 조금 넘은 가장 새로운 형태의 예술 분야이며 프랑스가 그 발생지이다. 프랑스는 영화 관람자 수와 관람 수익 측면에서 미국과 일본 다음으로 전 세계에서 세 번째로 큰 시장이다.

프랑스 영화의 성공은 부분적으로는 영화 산업에 대한 국가 차원의 지원에 힘입은 바가 크다. 일정 비율의 영화는 반드시 프랑스어로, 프랑스 제작사에서 제작되어야 한다(음악 산업도 동일). 극장 상영 후 6개월까지는 DVD로 배포될 수 없기 때문에 프랑스에는 여전히 영화광과 영화 애호가들이 많다. 프랑스 남부 칸에서 매년 열리는 칸 영화제는 세계 3대 국제 영화제 중 하나이며 프랑스 영화와 배우들은 매년 다양한 상을 휩쓸고 있다. 2019년 칸 영화제 황금종려상 경쟁후보작이자 각본상 수상작이었던 〈타오르는 여인의 초상〉은 18세기 말 한 귀족 여인과 그녀의 초상화를 의뢰받은 화가 사이의 금지된 사랑 이야기를 다루었다. 영국과는 다르게 프랑스 TV로 방영되는 외국 드라마는 자막 대신 더빙으로 방영된다.

카페 소사이어티

프랑스 사회에서 카페는 매우 중요한 요소이다. 카페에서는 커피, 차, 음료뿐만 아니라 술도 판매하며 아침(크루아상이나 브리오슈를 곁들인 카페오레)이나 간단한 점심(크로크무슈나 크로크마담을 곁들인 적포도주 한 병)을 먹기도 한다. 혹은 커피 한잔을 마시며 신문을 보거나 여유시간을 보내는 사람도 있다. 카페는 친구를 만나는 장소가 되기도 하고 TV로 중계되는 축구 경기를 보는 공간이 될 수도 있다. 카페 메뉴에는 '잠봉뵈르'나 '프로마쥬' 샌드위치, 혹은 돼지고기 '리예트'를 팔기도 한다. 날씨가 더운 날엔 레몬스쿼시에 설탕이나 시럽을 곁들이면 잘 어울린다.

카페 타바(담배 가게를 겸한 카페)

카페에서는 대부분 담배, 복권, 지하철 승차권, 전화카드, 엽서, 우표 등을 판매하는 자판기를 갖추고 있다. 담배 모양의 빨간 네온사인으로 표시된 기계에서 담배를 판매한다.

　카페나 가게에서 지불할 때 돈이나 잔돈은 손으로 주고받지 않고 계산대에 놓여 있는 쟁반에다 놓는다. 지불하는 금액이나 거스름돈이 얼마인지 서로 확실히 알 수 있도록 하기 위한 것이다.

크레프리(크레프를 전문적으로 판매하는 작은 식당이나 가판점)

프랑스인들은 스낵바나 카페 혹은 '크레프리'에서 간식을 먹는다. 크레페는 얇게 구운 팬케이크로 달게 먹기도 하고 짭짤하게 먹기도 한다. 갈레트는 쌉쌀하고 고소한 풍미가 난다. 크레프리에서 오후에 마시는 차와 케이크를 판매하기도 한다.

【 여유롭게 쉬기 】

노천카페에 앉아서 여유로운 시간을 보내는 사람들의 모습은 프랑스에서 흔히 볼 수 있는 광경이다. 커피, 홍차, 레몬스쿼시혹은 과일주스 같은 음료를 주문하면 얼마든지 앉아서 책을 읽거나 행인들이 지나가는 모습을 보며 느긋하게 즐길 수 있다. 웨이터가 물 한 잔을 주기도 하는데 손님이 주문했다는 표시가 되기도 한다. 자리를 떠날 때는 웨이터를 불러 요금을 내고 떠나면 된다. 노천카페에서는 먼저 요금을 내도록 요청하는 곳도 있다. 요금을 낼 때 웨이터가 주는 계산서를 받아서 요금을 이미 냈다는 걸 나중에 보여줄 수 있다.

　대부분의 도심지는 (파리를 포함해서) 건물이 서로 가까이 붙

어 있고 16세기와 19세기 문화가 한데 모여 있기 때문에 걸으면서 도시의 다양하고 매력적인 모습을 볼 수 있다. 따뜻한 날 오후 7시쯤에는, 특히 남부 지역에서 다양한 모습을 뽐내며 해질 녘 도시 중심부를 지나는 퍼레이드를 볼 수 있다.

음식

음식과 와인을 어떻게 준비하고 즐길 것인지에 관한 문제는 프랑스인의 관심사 중에서도 매우 큰 부분을 차지한다. 프랑스는 고급 요리 분야에서 전 세계의 중심에 자리 잡고 있다고 자부하고 있다. 고급스러운 와인과 맛있는 음식에 대한 감상은 프랑스 아이들이 자라면서 자연스럽게 익히는 부분이며 프랑스인이 많은 시간을 할애하는 부분이기도 하다.

【 레스토랑 】

프랑스인은 가족이 다 함께 외식하는 시간을 즐기고 친구나 애완동물을 동반하기도 한다. 새로운 레스토랑에서 새로운 메뉴를 시도해보는 행동은 즐거운 사회 경험이 되고 맛과 분위기에 대해 서로 자세히 얘기를 나누기도 한다. 흥미롭게도 레스토랑은 1765년 파리의 블랑제라는 사람이 처음 만들었다. 그는 파리에 식당을 열면서 몸이 아픈 사람이 먹으면 회복되는 음식을 파는 곳이라는 의미로 '기력을 회복하다'라는 뜻을 지닌 'ristorants'라는 간판을 내걸었고 이는 지금의 레스토랑의 기원이 되었다. 그리고 레스토랑은 서로를 만나는 만남의 장소로 자리 잡았다.

프랑스인 기업 간부와의 미팅에서 특정 버섯을 어디서 구해서 어떻게 조리하는지에 관한 논의가 회사의 주가만큼이나 중요하다는 사실을 외국인은 이해하기 어려울 수도 있다. 업무

토마토와 홍합을 넣은 부야베스

를 겸한 점심 식사에서는 보통 커피가 나올 때까지는 사업상 논의를 시작하지 않는다. 미각에 대한 교양을 익히는 것은 프랑스에서 무엇보다 중요하기 때문에 공식 만찬을 20분 이내에 끝내고 떠난 것으로 유명한 나폴레옹은 특별한 예외라고 할 수 있다. '아, 하지만 나폴레옹은 코르시카섬 사람이잖아'라고 얘기하는 프랑스인도 있다.

18세기에 이르러 프랑스 요리는 세계적 수준으로 자리 잡았다. 프랑스에서 가장 명예로운 훈장인 레지옹 도뇌르 훈장을 받은 셰프 오귀스트 에스코피에는 '어떻게 먹는지 아는 것

뵈프 부르기뇽은 적포도주에 쇠고기와 채소, 허브 등을 넣어 푹 삶은 프랑스 전통 스튜이다.

은 어떻게 살아야 할지 아는 것과도 같다'라고 말했다. 프랑스
인에게 먹는 것과 마시는 것은 영적 경험과 마찬가지이다.

음식에 대한 감상을 제대로 표현하는 것 또한 중요하다. '감
사합니다. 부인. 음식이 정말 놀랍습니다'라는 표현으로 초대
해준 집주인이나 레스토랑 주인의 환심을 살 수 있다. 프랑스
인은 음식과 와인에 대한 토론과 서로 다른 조리법이나 먹고
마시는 과정의 장점을 비교하기를 즐긴다.

이를 보여주는 두 가지 역사적 사례가 있다. 루이 16세는
1793년 프랑스 혁명 당시 처형되기 전 수프 세 접시, 네 가지

앙트레, 세 가지 구이, 네 가지 디저트, 데코레이션 케이크, 세 가지 콩포트, 과일 세 접시, 샴페인, 보르도산 포도주, 그리스산 포도주, 포르투 포도주 그리고 커피로 식사를 마무리했다고 한다.

1996년 1월 프랑수아 미테랑 전 프랑스 대통령은 암으로 사망했다. 미테랑 대통령은 숨을 거두기 며칠 전 가족과 함께 신년 전야 파티에서 무려 36개의 굴과 오르톨랑 두 마리, 푸아그라, 샤퐁을 먹었다고 전기에 기록되어 있다. 식사가 끝난 후 의사와 함께 파리로 돌아가 죽기 전까지 아무것도 먹지 않았다고 한다.

와인

와인은 음식에 잘 어울리는 궁합이 있어서 와인을 고르고 즐기는 일은 일종의 예술에 가깝다. 와인은 제대로 된 색과 향과 맛을 지녀야 하며 음식의 각 코스에 잘 맞아야 한다. 고급 레스토랑에서는 음식의 코스에 따라 스타터, 주요리, 디저트에 각각 어울리는 와인을 다르게 제공한다. 스타터에는 로제 와인이나 화이트 화인이 제공되고 고기 요리에는 레드 와인, 생선 요리에는 화이트 와인이 제공된다. 디저트에는 단맛이 나는 디저트 와인이 함께 나온다. 와인이 바뀔 때 냅킨으로 입술을 닦는다. 와인의 색과 우수함을 제대로 감상하는 데 방해가 되지 않으려면 와인잔은 손잡이 부분을 잡는 게 에티켓에 어울린다.

프랑스에는 유명한 와인 생산지가 몇 군데 있지만 (레드 와인과 화이트 와인 모두) 전통적으로 보르도 와인과 버건디 와인으로 나눌 수 있다. 버건디 와인은 피노 누아르 포도로 만들어지고 좀 더 드라이하다. 보르도 와인은 카베르네 소비뇽 포도와 약간의 메를로 포도를 섞어서 만들어진다. 과일 향이 좀 더 강하고 타닌 함량이 더 높다. 버건디 지역 남부 보졸레 지방의 좀 더 가벼운 와인은 보졸레 가메 포도로 만들고 꼬뜨 뒤 론 와인은 9가지 다른 포도 종을 섞어서 만든다. 루아르 밸리에서 생산되는 화이트 와인 뮈스카데와 알자스 지방에서 생산되는 화이트 와인 리슬링 역시 유명하다. 가장 유명한 스파클링 화이트 와인인 샴페인은 랭스를 중심으로 한 샹파뉴 지역에서 만들어진다.

와인은 또한 품질에 따라 등급이 달라진다. 최고급 와인에는 '아펠라시옹 콩트롤레AOC' 라벨이 붙지만 '뱅드 뻬이' 등급

'시테 뒤 뱅' 보르도 와인 박물관

중에도 좋은 와인이 많다. 남부 지역 와인은 벵드 뻬이가 많고 (포도를 밀짚 위에서 말려서 만들어) 밀짚 와인으로도 불리는 '벵드 파이유' 역시 시도해볼 만하다.

프랑스를 여행하는 재미 중 한 가지는 지역에 따라 다른 와 인과 별미를 맛볼 기회를 얻는 것이다. 관광안내소나 현지 레 스토랑의 홍보 자료를 보고 선택할 수 있다. 프랑스인은 대체 로 자신의 출신 지역 와인에 놀랄 만큼의 충성심을 갖고 있다. 공식적으로 14세 이상은 와인을 마실 수 있고 더 어린아이들 도 물로 희석한 와인을 맛보기도 한다.

레스토랑 선택하기

프랑스에서 레스토랑을 선택할 때 참고할 수 있는 자료는 전문 심사원이 평가한 맛에 따라 1스타, 2스타, 3스타로 등급을 매기는 '미슐랭 가이드'이다. 미슐랭 별점은 프랑스뿐만 아니라 전 세계적으로 인정받고 있는 레스토랑 평가의 기준으로 자리 잡고 있다. '고미오' 가이드 역시 프랑스에서 좋은 명성을 얻고 있다.

프랑스인 동료와 친분을 쌓으려면 점심을 같이 하는 게 좋

파리의 레스토랑 '오뷰 파리 다르꼴'

고 이왕이면 레스토랑과 와인 선택은 프랑스인 동료에게 맡기는 게 좋다. 프랑스인은 아주 기쁜 마음으로 신중하게 선택을 내릴 것이다.

레스토랑을 직접 선택해야 한다면 북적이는 곳을 선택하자. 지역 주민들이 자주 찾는 곳이기 때문이다. 파리의 레스토랑에는 다양한 종류가 있고 약간씩 차이가 있으므로 미리 알아보고 갈 필요가 있다.

【 레스토랑 】

레스토랑은 보통 점심과 저녁 식사 시간대에 문을 열고 일요일과 월요일에는 닫으므로 영업시간을 확인하고 미리 예약을 하는 편이 낫다. 일반적으로 세 가지 코스를 와인과 함께 먹는다. 요즘은 '딜리버루Deliveroo'나 우버이츠Uber Eats' 같은 앱을 통해 배달 서비스를 제공하기도 한다.

브라세리

브라세리는 하루 종일 열고 제한된 몇 가지 메뉴를 시간에 관계없이 제공한다. 손님이 원하면 주요리만 먹을 수 있다.

비스트로

비스트로는 작은 규모의 현지 레스토랑이다. 비스트로는 러시아어에서 차용한 단어로 19세기 프랑스를 점령한 러시아군 병사가 파리의 식당에서 '비스트로(빨리! 라는 뜻)'를 외쳤다는 설에서 유래한다. 그런 까닭에 비스트로에서는 집에서 요리한 듯한 음식을 빨리 제공한다.

어떤 레스토랑에서든 식사를 빨리 하고 싶다면 '스테크 프레츠(감자튀김을 곁들인 스테이크)'를 주문하는 게 좋다. 웨이터가 스테이크를 살짝 익힐지, 반쯤 익힐지, 완전히 익힐지 물어볼 것이다. 거의 익지 않은 스테이크를 원하는 게 아니라면 반쯤 익혀달라고 하자.

점심과 저녁 식사

프랑스인은 정오에서 2시까지 두 시간에 걸친 점심 식사를 즐긴다. 남부 지역에서는 시에스타(낮잠)를 포함하기도 한다. 점심과 저녁은 동일한 패턴에 따라 아페리티프(식전주), 오르되브르(전채 요리), 주요리, 샐러드, 치즈, 디저트로 이어진다. 디저트를 끝내고 나면 커피와 디제스티프(꼬냑, 아르마냑, 오드비 등의 식후주)를 마신다. 업무나 건강에 관한 관심 때문에 약간씩 변화가 생기기도 했지만 프랑스인이 '누벨 퀴진(현대식 요리)'을 만들어냈다는 사실을 기억하자. 긴 시간 동안 먹는 점심 식사의 전통에 변화를 주는 대신 음식은 좀 더 간소하고 가벼운 재료를 포함하도록 변화되었다.

아페리티프

아페리티프는 식욕을 자극하기 위해 식사 전에 마시는 술이다. 물이나 청량음료가 제공될 때도 있지만 대개는 진토닉, 페르노 리카의 파스티스(아니스 베이스로 물과 섞어 마심), 마티니 등의 술을 마신다. 허브로 만든 캄파리 같은 쓴맛을 가진 '쉬즈'를 마시기도 한다.

와인 아페리티프(아페로) 중 특히 인기 있는 종류는 키르와 키르 로얄이다. 키르는 화이트 와인에 블랙커런트나 피치 스쿼시를 섞은 것이고, 화이트 와인 대신 샴페인을 쓰면 키르 로얄이 된다.

【 식사 에티켓 】

프랑스에선 식사에 늘 빵이 곁들여 나온다. 수프를 먹을 때를 제외하곤 언제든 빵을 먹어도 되지만 다른 사람이 보는 곳에선 절대 적셔 먹지 않는다. 아침 식사만은 예외로 카페오레에 크루아상이나 빵을 적셔 먹기도 한다. 바게트는 보통 손으로 한입 크기로 자르며 다른 빵은 칼로 얇게 썬다. 빵 접시는 대개 제공되지 않는다. 식사를 시작할 때까지 빵에 손대지 않는 게 에티켓에 어울린다.

손과 손목은 항상 식탁에 올려두고 팔꿈치는 내리는 것이 에티켓에 맞는 행동이다. 하지만 실제로는 레스토랑에서 식사 도중이 아닌 경우 프랑스인들이 팔꿈치를 식탁에 올려둔 모습을 흔히 볼 수 있을 것이다. 그렇지만 상류사회에서는 엄격한 식탁예절이 적용된다는 사실을 기억해두는 게 좋다. 현지인들이 하는 모습을 보고 따라 하는 게 요령이 될 수 있다. 와인과 물을 따르는 법은 특히 중요하다. 대체로 가장 큰 잔이 물잔이라는 사실을 기억해두자.

【 오르되브르(전채요리) 】

최고급 레스토랑에서는 추가 요금 없이 생선이나 파테로 구성된 아뮤즈 부슈('입을 즐겁게 하는 음식')가 제공된다. 입가심을 위해 코스 사이사이에 소르베가 제공되기도 한다. 레스토랑의 오르되브르는 '크루디테(생채소 전채요리)', '샤르퀴트리(염지 가공한 돼지고기)', 갑각류로 구성된다.

【 주요리 】

프랑스 요리의 패턴은 별로 달라지지 않았지만 내용은 많이 달라졌다. 노르망디는 사과주스와 칼바도스(사과 브랜디)에 버터와 크림을 넣어 조리한 음식으로 유명하다. 버건디는 와인으로 조리한 음식으로 유명하다. 페리고르 지방은 가금류를 지방에 절인 음식과 푸아그라로 유명하고 알자스는 샤우어 크라프트가 유명하다. 남부의 프로방스는 올리브오일, 마늘, 토마토, 피망을 넣은 요리를 즐긴다.

채소는 주요리와 별도로 제공되기도 한다. 식탁에 소금과 후추가 있지만 되도록 뿌리지 않는 게 좋다. 요리사가 음식의 간을 제대로 맞추지 못했다는 신호가 될 수 있기 때문이다.

【 샐러드, 치즈, 디저트 】

주요리 다음으로 샐러드가 따라 나오고 그다음으로 치즈, 마지막으로 디저트가 제공된다. 대개 세 가지 종류의 치즈가 나오며 전통을 따르는 곳에서는 치즈를 바꿔 먹을 때마다 입 한가득 와인을 채워 입가심하기도 한다. 디저트, 아이스크림 또는 과일이 나오면 식사가 끝나고 뒤이어 블랙커피나 허브차가 제공된다. '디제스티프(식후주)'로 브랜디나 리큐어가 나오는 곳도 있다.

【음료】

와인은 전통적인 식사 음료이다. 식사용 와인은 식사 내내 마신다. 하지만 술에 취하는 것은 옳지 못한 행동으로 간주된다. 잔이 거듭 채워지는 것을 피하려면 항상 약간의 와인을 잔에 남겨둔다. 항상 병에 든 생수나 탄산수가 같이 제공된다. 가장 일반적으로 마시는 병에 든 물은 바도이트(탄산수)와 에비앙(생수)이다. 생수는 원산지에 따라 다르게 제공된다. (마실 수 있는) 수돗물을 원한다면 따로 요청해도 좋다.

와인은 한 병, 반 병, 또는 카라페 단위로 마실 수 있다. 카라페는 1리터, 750밀리리터, 500밀리리터, 250밀리리터 용으로 다양하다. 혼자 마신다면 작은 피처를 주문하면 한 잔이 나오고 쿼터로 주문하면 반 잔이 나온다. 나눠마실 거라면 반 병이면 충분하다. 세 명 이상이라면 하우스 와인 카라페를 추천한다. 프랑스에선 하우스 와인이 항상 준비되어 있기 때문이다.

【가격】

프랑스 레스토랑은 대부분 음식값을 식당 밖에서도 알 수 있도록 제시하고 있다. 가격을 확인할 수 없다면 아주 고가의 음식점이라고 간주해도 무방하다. 레스토랑은 대부분 고정된 가

격의 관광객용 혹은 미식가용 메뉴를 제공하는데 훌륭한 요
리를 좋아하는 사람이라면 시도해볼 만하다.

박물관과 갤러리

파리에서 즐길 거리를 찾으려면 프랑스어로 매주 발간되는
안내 책자인 '파리스코프'를 사거나 www.parisinsidersguide.
com 사이트를 참조하면 된다. 파리 이외의 지역은 www.
francetravelguide.com 사이트를 참조한다. 오페라 애호가라면
인터넷으로 사전에 티켓을 예매하는 게 좋다. 지역 이벤트나

프랑스에서 가장 유명한 오페라 하우스인 오페라 가르니에

영화 광고는 주로 길거리나 공중전화부스에 붙어 있는 포스터로 게재된다.

박물관 개장 시간은 박물관 홈페이지 주요 안내에 게시되어 있다. 박물관에 따라 월요일에 문을 닫는 곳도 있으므로 개장 시간을 확인하는 게 좋다. 국립 박물관은 대개 화요일이나 수요일에 닫고 때에 따라서 마지막 입장 시간이 당겨질 때도 있다.

프랑스 박물관은 대부분 입장료를 부과한다. 가까운 박물

리옹 과학 센터 및 인류 박물관

리옹 미술관

마르세유 롱샴 궁전에는 마르세유 자연사 박물관과 미술관이 있다.

관이나 관광명소 입장권을 묶어서 판매하는 관람권을 구매하면 대기 시간을 줄일 수 있다는 장점이 있다.

【 교회 방문하기 】

파리 노트르담 대성당, 샤르트르 대성당, 랭스 노트르담 대성당과 같은 큰 규모의 주요 관광명소와는 별도로 프랑스의 교회에서는 풍부한 문화 경험과 함께 역사적 프레스코 걸작과 그림, 건축물을 볼 수 있다. 신자들을 위한 공간이므로 입장료가 없다는 점 또한 장점이다. 교회에서는 특히 여름철에 오르간 연주회나 무료 콘서트가 열리기도 한다.

【 노트르담 대성당 화재 】

2019년 4월 15일 프랑스에서 가장 상징적인 역사 유적인 파리 노트르담 대성당이 화염에 휩싸였다. 첨탑과 그 주변의 지붕이 붕괴되었고 벽과 내부 장식품이 심각한 손상을 입었다. 석조 뼈대 등 내외부 석조 구조물 대부분은 보존되었다. 예술 작품과 종교 유물들은 가까스로 구조되었으며 13세기에 제작된 세 개의 장미창은 다행히 손상을 입지 않았다.

화재가 일어나기 전 노트르담 대성당은 한해 방문객이 1,200만에서 1,400만 명에 이를 만큼 유럽에서 가장 사랑받는 명소였다. 에마뉘엘 마크롱 프랑스 대통령은 파리 하계 올림픽이 열리는 2024년까지 노트르담 대성당을 복원하고 재개장하겠다고 약속했다. 하지만 코로나바이러스의 여파로 공사 속도가 지연되고 있어 일부를 개장하더라도 복원공사가 계속될 전망이다. 복원 작업에는 약 8조 9,320억 원이 소요될 전망이다.

예술계

프랑스에서는 예술과 문화에 대한 접근성이 매우 높다. 지역 예술가들이 지인들을 대상으로 여는 전시회는 다른 방문객과 와인을 마시며 편하게 대화할 수 있는 기회를 제공한다. 매년 주로 9월에는 일주일 동안 유럽 문화유산의 날이 열리며 이 기간에는 프랑스의 각종 박물관과 문화 유적이 무료 개방하거나 요금을 할인해준다. 또한 평소 일반인에게 개방되지 않았던 장소까지 볼 수 있는 기회가 제공된다. 더 자세한 내용은 관광안내소에서 찾을 수 있다.

레저와 스포츠

프랑스인은 스포츠를 매우 즐긴다. 축구나 럭비와 같은 스포츠뿐만 아니라 자전거와 스키도 인기가 있다. 사이클링의 3대 그랜드 투어 중 하나인 투르 드 프랑스는 매년 6월에서 7월에 걸쳐 열린다. 전체 기록에서 선두를 차지한 선수는 모두가 탐내는 노란색 저지를 입을 수 있다. 프랑스인은 대다수가 겨울철이 되면 일주일간 휴가를 내고 알프스나 피레네로 스키 여행을 간다. 프랑스의 해안에는 윈드서핑과 제트스키 같은 수상 스포츠를 즐기는 이들을 쉽게 볼 수 있다. 동네 공원과 같은 공터마저도 스포츠에 이용되기도 한다. 초저녁에 사람들(주로 남성) 몇 명이 모여 쇠로 만든 공을 나무로 된 목표 공에 더 가까이 던지거나 혹은 상대의 공을 쳐내어 점수를 내는 페탕크라는 스포츠를 즐긴다.

프랑스 관광청은 정보와 시설을 제공하기 위해 아낌없는 투자를 하고 있다. 각 지역 관광안내소에서는 각 지역에서 즐길 수 있는 다양한 프로그램을 제공하고 있고 광고를 통해서도 많은 정보를 얻을 수 있다. 최근에는 보트를 타고 내륙 수로를 탐험하는 새로운 프로그램도 개발되었다.

도보 여행자나 자전거 이용자들에게는 시골 여행을 즐길 수 있는 다양한 시설과 기회가 제공되고 있다. 유스호스텔이나 캠핑지는 주요 관광지를 중심으로 자리 잡고 있다. 프랑스 북서부는 대부분 평지로 되어 있으므로 자전거를 빌려 시골의 외딴 마을이나 켈트족의 유적을 탐험하는 여행을 한다면 색다른 경험을 얻게 될 것이다.

피크닉과 캠핑

프랑스인은 야외 활동을 매우 즐기기 때문에 피크닉이나 캠핑은 인기가 많다. 특히 고속도로를 중심으로 훌륭한 캠핑 시설이 발달되어 있다. 프랑스의 관광명소에서도 완벽한 시설을 갖춘 캠핑장을 만날 수 있다.

밤 외출

목요일이나 금요일 밤, 퇴근한 직장인이나 대학생들이 친구들과 가벼운 한잔을 즐기는 모습은 프랑스에서 아주 흔한 광경이다. 주중의 밤 외출은 주로 같이 식사하고 일행의 집이나 아파트에서 가볍게 한잔을 즐긴 다음 팝이나 클럽으로 이동하는 순서로 계속되기도 한다. 프랑스의 팝은 비교적 늦은

시간인 새벽 2시경까지 열고 신분증을 요구하지는 않는다. 바와 클럽은 매우 혼잡하고 어느 도시에나 있으며 주로 밤 10시 이후 영업이 시작된다. 가라오케나 물담배 바는 드물게 찾아볼 수 있다.

07

여행
이모저모

프랑스 관광청은 정보와 시설을 제공하기 위해 아낌없는 투자를 하고 있다. 각 지역 관광안 내소에서는 각 지역에서 즐길 수 있는 다양한 프로그램을 제공하며 광고를 통해서도 많은 정보를 얻을 수 있다. 최근에는 보트를 타고 내륙 수로를 탐험하는 새로운 프로그램도 개발 되었다.

운전

인구 대비 국토의 크기 덕분에 프랑스는 유럽에서 가장 운전하기 좋은 나라 중 하나이다. 유료고속도로나 고속도로뿐만 아니라 소규모 도로까지도 잘 발달되어 있다. 주요 도시를 벗어나면 차량이 드물다고 느껴지겠지만 프랑스에는 아주 빠르게 달리는 운전자들도 많은 편이다. 프랑스에서 차량은 우측으로 달리며 속도와 거리를 측정하는 단위는 킬로미터이다.

고속도로의 속도 제한은 기존에는 시속 130킬로미터였고 그 밖의 도로에서는 시속 90킬로미터였다. 2018년 제한 속도를 시속 80킬로미터로 낮추는 개혁안이 도입되었다. 하지만 이에 대한 이의가 제기되었고 일부 데파르트망은 몇 개 도로의 제한 속도를 90킬로미터로 재조정하기도 했다. 그러므로 운전할 때는 표지판을 눈여겨보도록 하고 확신이 생기지 않는다면 지역 운전자에게 확인하는 편이 안전하다. 속도 제한을 지키지 않는 프랑스 운전자들은 비교적 흔한 편이다. 경찰의 속도 제한 단속을 알리기 위해 반대편 도로에서 빠르게 달려오는 운전자에게 헤드라이트를 비춰주기도 한다.

프랑스의 고속도로는 유료도로가 대부분이다. 고속도로에

서부 알프스의 산악도로 '꼴 뒤 갈리비에'

진입한 후 동전으로 요금을 내기도 하고 티켓을 수령한 뒤 도로가 끝나는 지점에서 지불하기도 한다. 국도는 유료도로와 평행으로 달리고, 무료이며 더 좁은 D 도로나 지방도로 역시 무료이다.

국도나 지방도로에서는 원형 교차로나 로터리 방식의 도로를 흔히 볼 수 있다. 예전에는 우측 차량 우선 법칙이 적용되었지만 지금은 로터리에 먼저 진입한 차량이 우선하는 쪽으로 바뀌었다. '우선 주행권이 없습니다'나 '양보하시오'와 같은 경고 사인을 많이 볼 수 있다.

프랑스 운전자는 보행자를 크게 배려하지 않는다. 건널목에서라도 양쪽을 살피고 건너는 게 안전하다. 그 결과 차량 속도를 줄이기 위해 도심지에 과속방지턱 설치가 늘고 있어서 주의하지 않으면 차량 서스펜션에 악영향을 줄 수도 있다.

프랑스에서 운전자는 몇 가지 물품을 반드시 차량에 보유할 법적 의무가 있다. 한 가지는 빨간색 안전 삼각대로 사고가 발생하거나 차량에 문제가 생겼을 때 차량 뒤쪽에 반드시 삼각대를 세워두어야 한다. 또 다른 필요 물품은 응급 처치 용품으로 사고 시 최소한의 응급 처치가 필요할 때 쓰일 수 있다. 그리고 적어도 한 개의 반사 재킷을 차량에 실어두고 사고가 발생하면 입을 수 있도록 한다.

영국에서 수입된 차량은 헤드라이트 위에 야간 운전 시 맞은편 차량 운전자의 눈부심을 방지할 수 있도록 빔 디플렉터를 설치해야 한다. 또한 만약을 대비해 여분의 헤드램프 한 쌍을 보유해야 한다. 경찰차가 멈춰 세웠을 때 필요 물품이 구비되어 있지 않으면 벌금을 물게 될 수도 있다.

차량에 주유하는 것은 어렵지 않다. 셀프 주유소에서 신용카드로 주유할 수도 있고 직원이 있는 주유소도 있다. 프랑스의 주요 정유회사 중 하나인 토탈은 자체 주유소를 보유하고 있다. 휘발유, 고급휘발유, 디젤의 세 종류로 나뉘어 있다.

파리는 프랑스에서 가장 큰 도시인만큼 운전하기에도 가장 까다롭다. 일방통행이 많고 주차 공간 역시 매우 부족하다. 운전자들은 어쩔 수 없이 좁은 공간에 요령껏 주차해야 한다. 도심지 주차 공간에는 미터기가 있고 요금이 비싸기 때문에 되도록 대중교통을 이용하는 편이 낫다. 8월은 파리에서 유일하게 운전하기 좋은 달이다. 대부분 시민들이 휴가를 떠나기 때문이다.

파리에는 도시를 둘러싸고 있는 외곽순환도로가 있다. 파리 도심은 피하는 게 가장 좋지만 특히 오전 7시부터 9시 사이와 오후 4시부터 8시 사이의 혼잡 시간대에는 정체가 더 심해진다. 외곽순환도로에서 출구를 잘 모를 경우 오른쪽 차선으로 가거나 출구 차선으로 가는 게 좋다. 출구에 도달하기 5킬로미터 전부터 안내가 있고 1킬로미터 전까지 이어진다.

7월 31일부터 8월 1일 사이의 주말과 8월 31일부터 9월 1일 사이의 주말에는 주요 도로에 진입하기가 매우 힘들다. 프랑스의 휴가 기간인 8월에는 공장이나 농장이 모두 문을 닫는다. 8월 초순과 말일이 가까워지면 주요 도로에 정체가 생긴다. 남부 리옹 방향의 고속도로는 캠핑 장비와 자전거를 가득

신거나 트레일러와 캐러밴을 연결한 차가 빽빽이 들어서 있고 모두 조금이라도 빨리 가고 싶은 마음이 가득하다. 이미 혼잡한 도로에 사고라도 발생하면 도로 위에 있는 모든 이들의 스트레스는 극에 달한다. 이런 상황에 외국인마저 프랑스인이 죽음의 덫이라고까지 부르는 북남 방향 국도 1번 도로 행렬에 동참하는 건 결코 좋은 아이디어가 아니다. 7월 14일과 8월 15일 국경일 역시 도로 운전을 피해야 할 시기이다.

안전띠 착용은 의무이며 어린이를 앞좌석에 앉히거나 보조석 탑승자의 무릎에 앉히는 행위는 불법이다. 프랑스 경찰은 음주운전을 철저히 단속하고 과속 운전의 경우 현장에서 운전면허가 취소될 수도 있다. 하지만 평소에는 외국인 운전자에게 관대한 편이다. 고속도로 휴게소에서는 기본적으로 무알코올 음료나 무알코올 맥주를 판매하지만 다른 음식과 같이 주문할 때는 술을 주문할 수 있다.

차량 정체 문제를 해결하기 위해 프랑스 경찰은 실시간 교통 예측소인 '비종 퓨테'를 통해 대체 가능한 여행 일정과 경로를 제공하기 위해 최선을 다하고 있다. 관련 정보는 TV와 라디오로도 얻을 수 있다.

【 자동차 대여 】

프랑스에서 자동차를 대여하는 방법은 다른 국가와 거의 비슷하다. 국제 운전면허증과 보험 계약증을 보여주면 차량을 대여할 수 있다.

【 벌금 】

프랑스에서는 속도를 위반하면 현장에서 벌금과 벌점이 부과될 수 있다. 벌금은 대부분 현금으로 납부하지만 현금이 없는 경우 24시간 이내에 지역 치안대에서 카드로 낼 수 있다.

【 자동차 서비스 협회 】

프랑스에서 미국자동차서비스협회AAA나 영국자동차서비스협회AA에 상응하는 조직은 르소시에시옹 오토모빌이다. 양국 협회 간 상호협정이 맺어져 있으므로 프랑스로 가기 전 내용을 확인하면 편리하게 이용할 수 있다.

【 보험 】

혹시 모를 사고나 병원 치료 등으로 큰 비용을 지불해야 할 상황에 대비할 수 있도록 프랑스에서 유효한 의료 보험을 확인해두는 게 좋다.

프랑스 국유 철도

프랑스를 여행하는 많은 여행자들은 국유 철도SNCF를 이용하게 될 것이다. SNCF는 청결한 열차와 편안한 좌석을 자랑하는 효율적인 시스템이다. 고속열차는 어린이를 위한 특별 칸이 있고 여름철에는 추가 요금 없이 라이브 공연이 열리기도 한다. 열차 칸은 영화관이나 전시회장이 되기도 하며 지역 특산물 박람회장이 되기도 한다.

열차표는 www.sncf.fr에서 미리 예매하거나 역에서 살 수 있다. 열차에 오르기 전 반드시 발권기에 승차권을 넣고 인증을 거쳐 날짜가 찍혔는지 확인해야 한다. 열차에서 승차권 검열이 자주 있으므로 벌금을 피하려면 제대로 인증을 거치는 것이 좋다. 고속철도 TGV를 이용하면 파리에서 보르도, 리옹 등의 주요 도시로 빠르게 이동할 수 있다. 승차권은 반드시 사전에 예매해야 하며 지정 좌석으로 운행된다.

유로스타

유로스타는 프랑스, 영국, 벨기에의 수도 브뤼셀, 네덜란드의 수도 암스테르담, 프랑스의 아비뇽과 리옹을 연결하는 국제 고속철도이다. 파리 북역을 출발하는 유로스타는 북부 릴^{Lille}로 연결되고 TGV로 남부 및 다른 도시로 연결된다. 좌석은 스탠다드, 스탠다드 프리미어, 비즈니스 프리미어의 3개 등급으로 나뉜다. 비즈니스 프리미어 승차권을 이용하면 주요 역에 있는 유로스타 비즈니스 라운지를 이용할 수 있다.

파리 여행

【 메트로(지하철) 】

파리를 여행하는 가장 좋은 방법은 지하철을 이용하는 것이
다. 길에서 보이는 커다란 'M'은 지하철역을 표시한다. 지하철
승차권은 아무리 먼 거리를 이동하더라도 한 장으로 탑승할
수 있다. 매표소에서 기다리는 시간을 피하려면 1회권을 10장
묶어서 판매하는 까르네를 이용하면 된다. 신문 가판대나 담
배 가게에서도 승차권을 살 수 있다. 승차권으로 지하철뿐만
아니라 버스, RER(파리 도심과 일드프랑스의 교외 지역을 연결하는 광역
노선)을 이용할 수 있다.

　파리의 지하철역 대부분에는 자동 발권 기계가 갖춰져 있
다. 버튼을 누르면 메뉴를 영어로 볼 수 있고 롤러를 돌려 1회
권이나 10회권 까르네 등 원하는 탑승권을 찾으면 된다. 현금
또는 신용카드로 지불 가능하다.

　유로스타로 영국에서 파리로 이동할 계획이라면 출발 라운
지에서 지하철 탑승권까지 같이 구매할 수 있다. 파리 북역에
서 지하철 승차권을 사느라 줄을 서지 않아도 되는 이점이 생
긴다.

　지하철의 각 노선은 다양한 색상의 원에 흰색 혹은 검은색으로 번호가 매겨져 있다. 안내도에는 노선의 방향과 종착역 이름이 표시되어 있다. 노선을 바꿔 타려면 환승 사인을 따라 이동해 원하는 플랫폼에 가면 된다.

　파리에 길게 머물 계획이라면 교통카드인 나비고를 일주일 권으로 발급하면 좋다. 여권 사진이 한 장 필요하며 지하철역 어느 곳에서나 살 수 있다. 나비고는 버스, 지하철, RER에서 모두 사용할 수 있다. 나비고는 파리와 근교 지역에서만 쓸 수 있다. 외곽에서 통근하는 상황이 아니라면 대개 파리 1존과 2존에서만 쓰게 된다.

【 버스 】

여행객 중에는 지하철보다 바깥 경치를 감상할 수 있는 버스를 선호하는 이들도 있다. 버스 경로 가이드를 구매하면 경로가 어떻게 되는지, 환승은 어디서 하는지 쉽게 파악할 수 있다. 탑승권을 인증하려면 버스에 올라 앞쪽이나 중간쯤에 있는 기계에 넣고 펀치 구멍을 찍으면 된다. 프랑스인들은 버스 탑승 전 줄을 서지 않는다. 지하철 탑승권은 버스에서도 이용할 수 있다. '오텔 드 빌(시청)역'에서 출발해서 에펠 타워로 가는 72번 버스의 바깥 경관이 특히 아름답다.

【 RER 】

RER은 파리와 그 주변을 연결하는 급행 철도이다. 선로는 지상과 지하 양쪽을 오가며, 샤를드골 공항에서 디즈니랜드나 파리 중심부로 이동하기에 가장 좋은 방법이다. RER A라인으로 파리 시내에서 쉐씨로 이동하는 데 약 40분 소요된다. 프랑스 국유 철도 여행과 관련된 더 많은 정보는 www.transilien.fr

에서 찾을 수 있다. RER 역시 파리교통공사에서 운영하기 때문에 1존에 한해서는 지하철 탑승권을 이용할 수 있다.

플랫폼에 들어서면 벽에 걸린 시간표를 볼 수 있다. 열차 앞쪽에는 '니모'나 '테일'과 같은 특이한 이름이 쓰여 있다. 플랫폼에 있는 게시판에 어느 열차가 역에 서는지 표시된다.

【 티켓 】

티켓은 항상 소지해야 한다. 들어설 때 티켓이 필요하고 RER이나 지하철을 나갈 때 필요한 때도 있다. 열차 안에서 때때로 티켓 검열을 하기도 한다.

【 러시아워 】

파리 지하철과 RER은 오전 7시부터 9시까지, 오후 6시에서 7시 30분까지 매우 붐빈다. 혼잡 시간대에는 커다란 배낭이나 무거운 짐가방, 혹은 유모차 등을 싣고 타지 않는 편이 낫다.

【 택시 】

파리에서 택시를 타려면 길거리에서 부를 수도 있고 택시 정류장을 이용해도 좋다. 또는 택시 회사에 전화를 걸어도 되고 우버나 G7과 같은 택시 호출 앱을 이용할 수도 있다.

택시 위쪽 초록색 불은 빈 택시를 표시하고 노란색 불은 운행 중인 택시를 나타낸다. 오후 5시부터 오전 10시까지 택시 이용이 많고 오전 10시부터 오후 5시까지는 택시 이용객이 적다. 택시 위 표지판 아래쪽에 표시되는 색으로 피크 시간대 요금을 낼지 오프피크 시간대 요금을 내게 될지 알 수 있다. 피크 시간대는 오렌지색으로 표시되고 오프 피크 시간대는 흰색으로 표시된다. 순환도로 바깥쪽은 도시 밖으로 간주되므로 피크 시간대가 오전 7시에서 오후 7시로 바뀐다. 일요일 저녁과 공휴일, 그리고 도시 외곽을 벗어난 지역에서는 파란 불로 표시되며 또 다른 요금이 적용된다. 도시 내에서 공항으로 가는 택시는 센강의 어느 쪽에서 타느냐에 따라 요금이 달라지지만, 공항별로 고정된 금액만 지불하면 된다.

【 전동스쿠터 】

파리에는 원하는 곳에서 타고 목적지에 가서 세워둘 수 있는 전동 스쿠터가 넘쳐난다. 여러 업체 가운데 라임과 버드가 가장 인기 있으며 시내 어디에서나 스마트폰 앱을 통해 대여할 수 있다. 전통 스쿠터를 이용하면 짧은 거리를 저렴하고 빠르

게 이동할 수 있지만 이용에 주의가 필요하다. 반드시 자전거 도로를 이용하고 허용되지 않은 곳에서는 보도를 이용해서는 안 된다. 또한 안전을 위해 주변의 소리를 들어야 하므로 이어폰이나 헤드폰은 쓰지 말고 스쿠터당 한 사람만 탑승해야 한다. 규정을 위반하면 벌금이 부과될 수 있다. 또한 안전상의 이유로 현재 툴루즈와 낭트에서는 스쿠터 이용이 금지되어 있다.

숙소

프랑스의 호텔은 시설에 따라 1성급에서 5성급으로 분류된다.

2성급 호텔은 기본형으로 비교적 저렴하다. 안내 책자에는 지역별로 다양한 호텔이 분류되어 있다. 이용객의 수보다는 이용하는 방의 수에 따라 정해진 요금을 납부하고 아침 식사는 대부분 제공하지 않는다. 식당을 같이 운영하는 호텔도 있다. 아침 식사나 저녁 식사를 제공하는 민박 형태의 숙소 B&B도 있다.

오랜 기간 머물 계획이라면 농촌 민박인 지트 역시 좋은 선택이 될 수 있다. 오래된 시골집이라도 보수 공사를 한 곳이 많아 색다르고 편안한 숙소 경험을 할 수 있다. 지트를 운영하는 지트드프랑스에서 민박 형태의 샹브르도테 역시 관리하고 있다.

에어비앤비에서도 다양한 형태의 숙소를 찾을 수 있다.

【 화장실 】

여행을 하다 보면 때때로 화장실에 들러야 한다. 화장실은 WC나 'toilettes'라고 쓰여 있다. 남성용 화장실은 H(Hommes, 옴므)나 M(Messieurs, 머시우), 여성용은 F(Femmes, 팜므)나 D(Dames, 담)라고 표시되어 있고 그림으로 구분할 수 있는 곳도 있다. 공공 화장실도 있지만 카페 화장실을 이용하는 편이 낫다. 단, 카페 화장실을 이용했다면 음료를 주문하거나 약간의 팁을 남긴다.

화장실에 따라 청소 담당자가 입구에서 팁을 요구하기도 한다.

프랑스 시골 지역에는 재래식 화장실이 남아 있다는 사실도 기억해두자.

옛 프랑스를 동경하는 이들을 위한 유명한 재래식 소변기는 거의 사라지고 최신식 전자동 화장실로 대체됐다. 초록색 불은 비어 있고 빨간색 불은 사람이 있다는 표시이며 'entrée gratuite' 사인이 붙은 곳은 무료이다.

외국으로 여행하기

프랑스 인구의 약 75퍼센트 정도는 국내에서 휴가를 보낸다. 그래서 여름 휴가가 시작되는 7월 마지막 주가 되면 프랑스 남부로 가는 관문인 리옹 도로에서 유난히 교통체증이 심하다. 프랑스인들은 해외로 휴가를 가더라도 프랑스 운영 리조트로 가는 사람이 많다.

특히 젊은 여행객들에게 인기가 많은 프랑스 휴양지 브랜드인 클럽메드는 1950년 전 수상 폴로 게임 우승자였던 제라드 블리츠가 창립한 여행업체이다. 2015년 중국 기업 푸싱이 클럽메드를 인수했지만 본사는 파리에 두고 있으며 프랑스인들에게 이국적인 휴가 경험을 제공하는 데 집중하고 있다. 클럽메드는 전 세계에 걸쳐 다양한 고객을 보유하고 있으며 프랑스 남부에도 리조트를 운영하고 있다. 쾌적한 경험과 훌륭한 시설을 자랑하는 클럽메드를 이용해보는 것도 나쁘지 않은 선택이 될 것이다.

08

/

비즈니스
현황

프랑스에서 비즈니스를 할 때는 형식이 중요하다. 옷을 잘 차려입어야 하고 반드시 한 사람 한 사람과 악수해야 하며 정식 호칭을 올바로 사용해야 한다.

기업과 정부

프랑스 기업과 정부는 매우 긴밀한 관계를 유지하고 있다. 그런 까닭에 정부 고위급 공무원은 쉽게 민간 기업으로 진출하고 기업체 인사들 역시 정부 고위직으로 쉽게 진출한다. '팡투 플라쥐'는 바로 이런 관행을 표현하는 용어로 '슬리퍼 한 켤레'라는 뜻이다. 사회주의당 출신이나 보수당 출신 양쪽 모두 이같은 관행을 이어가고 있다. 그 원인 중 하나는 프랑스 정부나 기업체를 주도하는 인물들이 동일한 교육 기관, 즉 명문 그랑제콜을 거쳤기 때문이다.

과거 중앙 정부가 가진 핵심 역할 중 하나는 바로 프랑스 산업을 보호하는 임무였다. 이는 유럽연합이 생기고 지방분권화와 민영화가 이뤄지면서 점차 바뀌고 있는 추세이다. 지방분권화의 효과로 지방 생산 공장에 관련된 사안은 지방 데파르트망이나 도시 또는 코뮌에서 결정된다. 지방 상공회의소는 정부가 정한 대로 고가의 비용을 청구하는 변호사나 공증인 대신 이제 외국계 기업과 지역 기업의 중재자 역할을 하고 있다.

국영기업과 인프라 사업에 걸친 막대한 이해관계로 공적자금에 대한 압박이 커지는 만큼 국가 산업의 일부를 민영화하고 외국 기업과 조인트 벤처를 성립하는 움직임이 활발해지고 있다.

또한 유럽연합법은 보호주의를 막고 외국계 투자금에 대한 점진적 개방을 장려해왔다.

프랑스가 민영화, 현대화하고 규제를 완화함에 따라 프랑스 스타일의 경영과 관리에는 어떤 변화가 생겼을까?

프랑스인 상사

프랑스인 매니저는 기술 관료이다. 고등 교육을 받은 그들은 회사를 운영하는 데 요구되는 기술적·조직적 세부 사항을 누구보다도 잘 알고 있는 카리스마 넘치는 지도자이다. 미국이나 영국인 매니저라면 필요할 때마다 찾아보거나 어렴풋이 알고 있을 법한 운영 정보조차 프랑스인 매니저는 훤히 파악하고 있다. 미국인이나 영국인 매니저는 결과에 관심을 두지만 프랑스인 리더는 절차에 관련된 세부 사항에 매우 관심이 많다.

프랑스 회사의 사장은 PDG(Président Directeur Général)로 부르는데 회사에 대한 절대 권력을 행사한다. 프랑스인 PDG는 권위적인 스타일을 유지하며 재능과 정확성을 바탕으로 회사를 경영한다. PDG는 동료 경영진과 거리를 유지한다. 그들의 권위는 교육과 자신감에 바탕을 두고 있으며 모든 중요한 결정은 PDG가 내린다.

프랑스 비즈니스 업계에서 가장 중요한 요소는 공통된 배경을 가지고 있다는 점이다. 이미 언급한 바와 같이 대부분의 PDG는 정부 요직을 거친 이력을 가지고 있고 명망 높은 리세 lycée 와 그랑제콜을 졸업했기 때문이다.

이런 까닭에 프랑스 회사에는 강력한 권위주의와 격식이 자리 잡고 있다. 팀 내에서도 위계질서를 존중하고 유지하며 상사와 일반 직원들 사이의 비공식적 사교활동은 드문 일이다. 이는 또한 민주적 성향을 지닌 미국인이나 영국인 동료들이 매우 놀라는 부분이기도 하다.

물론 이런 권위주의적 성향은 효율성에 영향을 미친다. 매니저는 업무를 위임하지 않고 직원들은 사기가 저하될 수 있다. 프랑스 기업에 근무하는 한 영국인 매니저는 일방적인 지시가 내려지는 미팅에 대해 불만을 털어놓기도 했다. 목적이나 방법 혹은 수단에 대한 토론이 전혀 없다는 것이다.

하지만 이런 카리스마 있는 경영진이 가진 장점 중 한 가지는 직원이 가진 개인적 비전을 믿도록 독려한다는 점이다. 어떤 프로젝트에 대해 직원이 제시하는 근거가 논리적이고 투자한 업무량이 가치 있다고 자신한다면 업무에 더욱 매진할 것이기 때문이다.

윗선에서 내리는 결정은 항상 신속하게 이뤄지지는 않는다. 서로 다른 시스템이 가진 관련 근거에 대한 논쟁으로 시간이 소요되기도 하고, 그 논쟁은 실용적이거나 창의적 해결책이 아니라 지적 일관성에 초점이 맞춰지기도 하기 때문이다. 프랑스인은 위험성이나 쉬운 해결책에 대해 의심이 많고 이 때문에 지체가 일어나기도 한다.

관리직 여성

프랑스 여성은 대부분 직업을 가지고 있다. 직업상의 성평등에 관련된 법이 1972년 통과되었지만 여전히 여성이 벌어들이는 소득은 동등한 지위를 가진 남성 소득의 82퍼센트에 못 미친다. 또한 프랑스에서 최저 임금을 받는 직업은 여성의 몫이고 세 명 중 두 명은 최저 임금을 받고 있다.

많은 여성이 중간 관리직으로 이동하고 있지만 (긴 점심 시간과 밤 시간대 미팅 등의) 경력에 따른 압박은 일과 가정 사이의 균형 조절에 방해 요소로 작용한다. 하지만 넉넉한 출산 수당과 휴가를 제공한다는 측면에서 프랑스는 여성에게 매우 호의적인 근무 환경을 제공한다고 볼 수 있다. 프랑스 여성은 평균 25세에 결혼하지만 결혼 연령은 점차 늦어지고 있으며 시간제 근무의 형태가 되더라도 경력을 계속 이어가는 추세이다.

직장 내 성추행은 범죄행위이다. 1992년 통과된 법에 따르면 성추행 혐의로 기소된 남성은 벌금형에 선고받을 수 있고 최대 1년의 실형을 선고받을 수 있다. 하지만 법률은 상관에게만 적용된다.

또한 여성을 정중하게 대하는 전통이 아직 존재하기 때문에 여성들이 이를 부당하게 이용하기도 한다. 품격 있는 옷차림과 스타일은 비즈니스 업계에서 여성이 가진 무기의 역할을 할 때도 있다.

약속 잡기

프랑스에서는 될수록 최소 2주의 여유를 두고 서신이나 전화로 약속을 잡는다. 하지만 휴가 기간인 7월과 8월은 반드시 피해야 한다. 경영진은 직접 약속을 잡기도 하며 최고 중역은 비서를 통하는 편이다. 서신으로 먼저 연락을 취했다면 반드시 전화로 미팅을 요청해야 한다. 간단한 이메일이나 서신은 진심을 표현하는 데 부족한 면이 있다.

약속은 대개 업무시간, 즉 오전 9시 혹은 9시 30분부터 오후 6시 사이로 잡는다. 약속이 잡혔더라도 더 중요하거나 우선시되는 문제가 생긴다면 약속을 변경하거나 취소하게 될 수도 있다.

8월 휴가철은 프랑스 사업가들에게 절대 침해해서는 안 될 기간이다. 8월에 계약에 사인하거나 비즈니스 미팅을 잡을 수 있을 거라고 절대 기대해서는 안 된다.

프랑스인은 대체로 같은 프랑스인과의 비즈니스를 아직도 선호하는 편이다. 하지만 비즈니스만으로 충분한 것은 아니다. 장기적인 관점에서 좋은 관계를 형성하는 게 매우 중요하며 네트워크의 일부가 되려는 노력 또한 큰 요소로 작용한다. 그

• 8월은 금물 •

미국 출판사가 프랑스 회사와 주요 출판 계약을 협상 중이었다. 7월 말에 협상이 완료되었고 마지막으로 계약서에 서명할 일만 남은 상태였다. 미국인 회사 간부는 계약을 위해 프랑스로 갈 준비가 되었지만 프랑스 회사 측 간부는 연차 휴가로 가족과 함께 남부로 떠날 예정이라고 통보했다. 미국인 간부는 계약을 체결할 수 있도록 프랑스인 간부에게 휴가를 일주일 정도 미루거나 휴가 중 파리로 잠깐 돌아와 달라고 요청했다. 미국인 간부는 파리로 갔고 모두가 휴가를 가버리고 텅 빈 도시 파리에서 일주일을 기다렸다. 하지만 프랑스인 간부는 나타나지 않았다. 결국 그 계약은 성사되지 못하고 끝나버렸다.

러므로 외국인으로서 프랑스인과 비즈니스를 시도하려면 공통의 관심사 등을 통해 신뢰를 형성할 필요가 있다. 다시 말해 비즈니스에 대한 논의는 친밀한 관계가 형성된 다음에야 이뤄질 수 있다.

격식

프랑스에서 비즈니스를 할 때는 형식이 중요하다. 옷을 잘 차려입어야 하고 반드시 한 사람 한 사람과 악수해야 하며 정식 호칭을 올바로 사용해야 한다.

비즈니스 작문 스타일 역시 매우 엄격하다. 서신은 도착하는 데 비교적 긴 시간이 소요된다. 그러므로 만약 답변이 시급하다면 이메일이나 전화를 이용하는 편이 낫다.

인터넷이 만연한 지금과 같은 시기에도 대형 프랑스 회사들은 여전히 손으로 단정하게 쓴 지원서를 더 가치 있게 여긴다는 점은 매우 흥미롭다. 손글씨는 필적학자의 분석을 거치게 될 수도 있다. 프랑스인은 어릴 때 손글씨를 배우고 그에 대해 큰 가치를 부여한다.

손으로 쓴 지원서는 이메일처럼 '복사 붙이기'가 불가능하고 좀 더 정성스럽게 느껴지는 면이 있다.

하지만 이메일은 요즘 채용 과정에서 점점 더 큰 비중을 차지해가고 있는 추세이다.

【 규칙 지키기 】

19세기부터 민법이 발전했으며 우아하고 논리적이며 이성적인 행정 규제를 애호하는 프랑스에서 프랑스 국민은 그들이 가진 특성을 까다로운 문제를 해결하는 과정에 어떻게 적용할까? 그들은 시스템 D를 이용한다. 여기서 D는 프랑스어 단어 데 브야de'brouillard의 첫 글자 D를 가리키며 '능수능란한'이라는 뜻을 가진다.

시스템 D는 규칙을 변칙 적용할 수 있는 관료를 찾는 방법을 다룬다. 혹은 선례나 특별한 사례를 통해 당면한 문제에 적용하고 책임을 면할 수 있는 방법을 찾는 과정을 포괄한다. 절대 불법은 아니면서 매우 실용적이며 많은 라틴 국가에서 통용되고 있는 관료 집단을 이용하는 방법과 유사하다. 이에 대해 알아두더라도 적용은 피하는 게 좋다.

좋은 관계를 유지하는 규칙

【 맡은 바 임무를 다하기 】

프랑스인 매니저는 자신뿐만 아니라 직원과 관련된 운용 세부 사항을 낱낱이 파악하길 원하기 때문에 직원 역시 같은 자세를 취해야 한다. 조직도를 통해 소속된 기관에 대한 정확하고 자세한 정보와 더불어 현재 맡은 업무와 관련된 기록 정보에 대해서도 상세히 익혀둔다. 매니저는 물론 이 같은 노력을 당연히 여길 것이다.

【 비즈니스를 우선하는 태도를 기대하지 말라 】

프랑스인은 비즈니스에 최선을 다한다. 하지만 관계 역시 매우 중요하다. 비즈니스 파트너와 역사에서부터 신학에 이르기까지 지식과 관련된 주제를 두고 나누는 이야기도 물론 가치 있다. 파트너가 어떤 사람인지, 어떤 교육을 받았고 지적 능력은 어느 정도인지 판단할 방법이 될 수 있기 때문이다. 대학에서 익힌 토론 기술과 주제를 참고해도 좋다. 이 같은 미팅을 여러 번 거치게 될 수도 있다. 인내심을 갖고 가능성을 열어두어야 한다.

【 윗사람에게 접근하기 】

프랑스 기업은 위계적이다. 그러므로 가능하다면 결정권을 가진 사람에게 접근하는 것이 좋다. 비즈니스 파트너가 프랑스인 조직에서 나와 직접적인 대응 관계에 있는 인물인지 꼭 확인해야 한다. 마찬가지로 하급 매니저와 기술적 세부 사항을 논의할 것이라고 기대해서는 안 된다. 기술적 세부 사항을 담당할 수 있는 우리 측의 다른 직원을 섭외하는 편이 낫다.

【 여유를 갖는다 】

프랑스인은 서두르는 걸 좋아하지 않는다. 프랑스인 파트너와 관계를 형성하는 데 투자하는 시간을 아껴서는 안 된다.

• 관계가 중요하다 •

한 프랑스인 인사부 매니저가 13개 기업을 대상으로 대규모 트레이닝 프로젝트에 대한 입찰을 요청했다. 13개 기업 모두 응답했고 프랑스인 매니저는 그중 10개 기업을 탈락시켰다. "나머지 3개 기업에 미팅을 요청했습니다. 그중 한 곳은 제 입찰 제안서의 잘못된 부분을 지적하더군요. 그래서 전 그쪽과는 같이 일하고 싶은 마음이 사라져버렸죠. 제게 남은 선택은 두 곳뿐이었습니다." 라고 프랑스인 매니저는 설명했다. 마지막까지 남은 회사 두 곳은 인간적 관계를 우선시하면서 비즈니스를 얻을 수 있었다.

【 지루함은 금물 】

프랑스인은 유럽인들 중 주의력 지속 시간이 가장 짧은 걸로 유명하다. 만약 프랑스인 상대편의 관심이 흐트러졌다고 생각된다면 분위기를 띄울 수 있도록 기발하거나 논란의 여지가 있는 문제를 제기해본다. 반면 활발하고 격렬한 토론은 상대방이 몰두하고 있다는 신호로 받아들여도 좋다. 상대방이 자주 끼어들수록 몰입도가 높다고 받아들이면 된다.

【 격식을 지킬 것 】

명함을 건네받으면 관심과 존중하는 태도를 보여야 한다. 명함을 간략히 살펴보고 연락처를 확인한 후 지갑에 넣는다.

엘리베이터와 출입구에서는 어색한 상황이 생길 수 있다. 여성이 항상 먼저 들어가고 연장자가 있다면 그다음으로 들어간다. 그 자리에서 본인이 제일 나이가 많은 경우 먼저 들어가도록 한다.

미국인이나 영국인은 대체로 격식을 차리는 상황을 못 견디기 때문에 표면적이고 업무상의 관계에 불과한 프랑스인 동료와 섣불리 허물없는 관계를 맺으려고 실례를 범하기도 한다. 프랑스인은 대개 상대방의 이런 시도에 차갑게 반응한다. 프랑스어로 대화한다면 반드시 상대방을 가리킬 때는 '부(당신)'를 쓰고 '머시우(귀하)'와 '마담(부인)'을 붙인다.

【 비난하지 말 것 】

문제를 항상 객관화한다. "당신이 실수를 저질렀군"보다 "우리에게 문제가 생겼어"라고 표현하는 편이 낫다. 프랑스식 경영 방식에서 실패와 비난은 금기시된다. 문제를 파악한 후 해결 방법이 있다는 사실을 표현한다. 문제를 제기하고 양해를 구한다면 호의적이며 긍정적인 반응을 기대해도 좋다. 아무리 상대방의 잘못이 분명하더라도 프랑스인은 상대방을 질책하기보단 다른 방법을 찾는다.

【 사교 능력 】

정계와 재계의 긴밀한 연결고리는 아무런 목적 없이 생긴 게 아니다. 프랑스인은 외교 협상에 매우 능하고 이는 수백 년간 이어진 전통이다. 프랑스인이 외교적 협상의 기술을 발휘할 기회를 제공하고 그에 상응하는 협상술을 펼친다. 외교 협상의 중요한 요소 중 하나는 가격을 가장 마지막에 언급하는 것이다. 돈 문제를 너무 일찍 언급하면 세련되지 못하다는 인상을 줄 수 있다. 관계 형성이 항상 제일 우선시되는 목표라는 사실을 기억한다.

시간, 안건 그리고 최종기한

미국인 혹은 영국인이 불가침의 영역이라고 간주하지만 프랑스인은 다르게 받아들이는 세 가지가 있다. 일단 프랑스인은 시간에 대해 어느 정도까지 유연하게 대처한다. 프랑스인에게는 일정을 맞추는 것보다 문제를 철저히 논의하는 게 더 중요하다. 관계 형성을 중시하다 보면 속도는 느려지기 마련이다. 회의가 길어져서 누군가 기다리게 되더라도 기다리는 사람이 이해할 거라고 여긴다.

안건을 유지하는 문제 역시 마찬가지이다. 프랑스인은 안건의 모든 문제가 연결되어 있다고 생각하고, 엄격히 지켜야 할 내용이 아니라 단순히 지침으로만 취급하며, 스케줄을 꼭 지키지도 않는다.

최종기한 역시 프랑스인에게는 불가침의 영역이 아니다. 최종기한이 중요하다면 반드시 별도로 명기하고 확인해야 한다.

· 내 문제가 아닙니다 ·

프랑스인 직장인이 런던에서 유로스타로 오는 손님을 파리 북역에서 픽업해서 외곽순환도로 밖의 베르사유 근처에서 예정된 미팅에 모시고 가기로 한 약속을 깜박했다. 손님이 프랑스인 직원의 휴대전화로 연락했지만 프랑스인 직원은 이렇게 대답할 뿐이었다. "손님과의 약속은 15일로 잡혀 있습니다". 손님은 "오늘이 15일입니다."라고 답했다. "이런. 오늘 차도 갖고 오지 않았어요." 프랑스인 직원이 답했다. 그 직원은 즉각 손님을 픽업할 수 있는 택시를 준비하는 대신 이렇게 말을 이어갔다. "기차를 타세요. 미팅에서 봅시다. 손님이 한 시간에 걸친 지루하고 복잡한 여정을 견디고 마침내 프랑스인 직원을 만났을 때 그제야 프랑스인 직원은 사과했다. "죄송합니다".

· 제 잘못이 아닙니다 ·

프랑스인 손님이 넘어지면서 동료의 책상에 있던 일본산 접시가 깨졌다. 프랑스인 손님은 "죄송합니다. 접시값을 제가 물겠습니다."가 아니라 "이런 소중한 접시를 왜 이런 곳에 둔 거죠? 너무 깨지기 쉬운 곳에 두었네요."였다.

막연히 기대하지 말고 수시로 점검하는 게 좋다. 단, 유연한 태도를 지킨다.

프랑스인은 목표 일자와 최종기한을 구분한다.

시간을 들이는 태도는 신중함과 동등하게 여겨진다. 프랑스인은 충분히 사유가 있다면 최종기한을 고집하지 않는다. 그리고 상대방 역시 이해해주리라 기대한다.

· 시간의 유연성 ·

프랑스 회사의 인수 협상 과정에서 영국인 CEO는 프랑스 측에서 마련한 빡빡한 안건이 인상 깊게 느껴졌다. 안건 유지에 대한 프랑스인의 유연한 태도를 나중에 파악하고 난 후 영국인 CEO가 물었다. "안건이 그렇게 빡빡했던 이유는 나 때문인가?" 그 말을 듣고 세일즈 매니저가 씁쓸한 표정으로 고개를 끄덕였다.

미팅 준비하기

프랑스 회사와 연락을 취하는 과정에는 시간에 필요하다는 사실을 여러분은 이제 잘 알고 있다. 전화로 즉각 대답을 얻었더라도 내용이 확정된 것은 아니며 개인적으로 다시 확인해야만 한다. 서신이나 이메일은 어느 정도 신뢰할 수 있다. 프랑스인 측은 상대방의 비즈니스 타당성이나 교육적 배경, 삶의 철학 그리고 전반적 스타일까지 평가하는 중이다. 여러분의 경험이나 배경은 상업적 제안만큼 혹은 오히려 더 중요하다. 그런 까닭에 가능하다면 연락 중인 회사의 인맥을 활용하거나 적어도 대사관이나 상공회의소를 거치는 편이 낫다.

소개하는 서신을 보내게 된다면 즉각 응답이 올 것이라 기대하지 말고 요청하지도 않는 것이 좋다. 서신은 관계를 맺는 것과 같다. 원활하게 오가기도 하고 휴지기가 생기기도 한다. 긍정적 답변을 받을 때까지 여러 번 서신을 보내게 될 수도 있다.

사전 접촉 없이 프랑스 회사에 전화를 걸면 상대방이 냉담하게 응대할 가능성이 크다. 미국이나 영국 회사의 방식에 익숙하지 않은 까닭이다. 불평하려고 전화를 거는 이들도 있기

• 준비 작업이 필요하다 •

한 텔레마케팅 회사의 중역이 파리에 있는 세계적 대기업 본사에 사전 접촉 없이 전화를 걸었다. 연락 대상자의 이름은 런던에 있는 그 회사의 자회사 매니저로부터 받은 것이었다. 처음 응대한 프랑스인은 영국 측 매니저를 모른다고 주장했다. 프랑스인은 간략히 내용을 파악한 뒤 "아닙니다. 아니죠. 마담. 우리는 이런 식으로 일을 처리하지 않습니다."라고 말하고는 전화를 일방적으로 끊어버렸다.

때문이다. 하지만 프랑스인은 사전에 얘기된 비즈니스를 위한 전화를 선호한다.

연락이 닿았더라도 첫 번째 미팅이 호의적인 분위기일 거라고 짐작하지 않는 편이 낫다. 프랑스인 측은 정중한 태도를 유지하겠지만 분명한 의사를 밝히지 않을 것이다. 프랑스인 측은 자신의 위상을 정립하고 미팅의 주도권을 잡기를 바란다. 연락하느라 공들인 바에 비하면 기대한 것보다 차가운 분위기일 것이다.

프랑스어를 할 수 있다면 큰 도움이 될 수 있다. 통역사를 이용하더라도 최소한 자기소개만큼은 프랑스어로 하도록 노력해야 한다. 가족이나 친구에 대한 언급은 피하도록 하고 본인의 학력이나 인맥 관계 등에 대해서는 조심스럽게 상대방에게 알린다. 첫 번째 미팅에서 동의나 행동, 혹은 앞으로의 시간 계획 등을 기대하지 않는다. 하지만 사후 서신을 통해 미팅에 응한 사실에 대해 감사를 전하고 다음 미팅을 제안하는 것도 좋다. 미팅 시간이 길어지거나 점심 식사에 초대받았다면 긍정적인 신호로 받아들인다. 그러나 지나친 기대는 금물. 연락을 계속 취하는 것이 관계를 성공적으로 이끌어가는 핵심이다. 다음 미팅을 잡는 것이 중요하다.

세계화는 프랑스의 주요 대기업에 큰 영향을 끼쳤고 그들 역시 국제 사회의 대열에 합류하게 되었다. 해외 사업체들이 확장을 거듭하면서 전통적으로 세계화와 아웃소싱을 거부하던 기업들 역시 동참하게 되었다. 이는 두 가지 효과를 초래했다. 첫째, 비즈니스의 국제화로 프랑스인 중역은 예전보다 영어로 하는 업무가 훨씬 더 많아졌다. 특히 기업은 모국어 사용자가 아닌 사람이 회의에 참여하고 있을 경우 공용어를 영어로 채택하기 때문이다. 둘째, 출장에 대한 예산과 보안상의 규제 때문에 실제 만남이 아닌 화상으로 연락을 취하는 경우가 점점 더 늘고 매니저들은 실제로는 한 번도 만난 적이 없는 외국인 매니저와 영어로 소통하고 있다. 새로운 시도가 거듭되고 있는 것이다.

협상

프랑스인은 논리를 신봉하도록 길러져 왔다. 그들에게는 모든 것이 명확하고, 일관성 있으며, 정확한, 논리적 주장을 펼치는 것이 무엇보다 중요하다. 그들은 추상적 논쟁과 깊은 사고를 거친 프로젝트의 진가를 인정하며 실용주의보다는 일관성을 따르기 때문에 미국이나 영국인과 충돌이 생기는 경우가 드물지 않다.

미팅에서 모든 구성원이 토론에 참여하는 것이 중요하다. 이는 철저하고 배려심 있는 자세로 받아들여진다. 최종 결정은 미팅이 끝난 후 내려질지도 모르지만 일단 결정이 내려지면 확고하게 유지된다.

반면 미국인과 영국인은 미팅에서 원칙에 동의하더라도 사후에 세부 사항을 다시 검토하고 조절하는 경우가 많다. 프랑스인은 영국인이 동의한 것처럼 보이다가 왜 다음 미팅에서 재협상하고 싶어 하는지 이해하지 못한다.

많은 사람들은 프랑스인과 합의점을 찾는 것이 어렵다고 여긴다. 그 한 가지 이유는 프랑스인의 접근법 때문이다. 대부분은 어느 정도의 공통점을 가지고 협상을 진행하고 어느 정도의 가격에 무엇을 얻을 수 있는지에 대해 토론하지만 프랑스인은 논리적인 제1원칙을 시작으로 '왜 우리가 이렇게 해야 할까'라는 물음으로 접근한다. 따라서 미팅에 앞서 성명서를 제출할 필요가 없어진다.

제안은 천천히 논리적으로 타당성에 맞는 단계로 이뤄지고 그 과정에서 각 단계를 분석하고 논의한다. 결국 토론은 길어지고 어떤 것도 당연하게 받아들여지지 않는다. 그 결과 외국인 협상가들은 일정에 차질이 생기기도 하고 기본적 사항을 반복해서 검토하면서 감정이 격앙되기도 한다. 끈질긴 설득 작업은 여기서 통하지 않는다. 침착성을 유지하고 토론에 참여하는 것이 중요하다.

내가 주장하는 바를 논리적으로 제시하고 장단점을 세심하게 평가하는 것이 매우 중요하다. 단점이 있다면 인정하지만 장점으로 보완하고 균형을 맞출 수 있어야 한다. 발표의 기술

• 일관성이 가장 중요하다 •

오전에 있었던 한 비즈니스 미팅에서 프랑스인은 미국인 측의 프레젠테이션을 정중한 태도로 경청했다. 하지만 오후에 이어진 논의에서 프랑스인은 미국인의 발언에 대해 다음과 같이 지적하기 시작했다. "그렇지만 귀하께서는 오전 프레젠테이션에서 다르게 말씀하셨습니다." 오전에 발표했던 내용과 오후에 언급한 견해 사이에 두드러지는 모순을 명확하게 밝히느라 약 30분이 소요되었다. 결국 프랑스인에게 가장 중요한 것은 지적 일관성이다.

은 진가를 인정받을 것이다. 주장의 타당성 역시 중요하다. 프랑스인은 상대방이 오전에 말한 것과 오후에 말한 내용이 논리적으로 타당하지 않다면 반드시 지적할 것이다.

준비

남성은 반드시 검은색이나 짙은 파란색, 혹은 회색 등 어두운색 정장을 입어야 한다. 여성은 우아함과 기품이 중요하다. 프레젠테이션은 철저한 준비를 거쳐야 하고 모든 논점에 대비할 수 있어야 한다. 어떤 사소한 부분도 간과해서는 안 된다. 자신의 회사에 대한 세부 사항뿐만 아니라 상대방의 회사에 대해서도 섬세하게 파악해둔다. 단순히 판매하는 것이 아니라 이익을 분석할 수 있어야 한다. 발표 내용을 명확하고 간결하게 전달한다.

위상을 지킨다

신뢰 관계를 확립하고 협력의 범위를 넓히는 것을 목표로 한다. 논의를 이끌어가는 입장이라면 직접 메모하는 것은 피한다. 메모할 수 있는 사람을 따로 두도록 한다. 변호사와 다른 직원들이 세부 사항을 해결할 것이기 때문이다. 또한 추가로 제기되는 이슈를 다룰 수 있도록 사후 미팅을 염두에 둔다.

감사

한 프랑스인 최고 중역이 다음과 같이 말했다. "회사는 민주주의가 아니다." 하지만 회사는 상당히 가부장적이다. 프랑스인 매니저는 자신이 회사의 운영에 이뤄놓은 근대화의 가치나 직원들을 위해 제공되는 시설에 대해 감사를 표시한다면 매우 고맙게 생각할 것이다. 프랑스인에게 인간적인 업무 환경은 중요한 요소이며 직원들이 오랜 시간 동안 머물고 싶은 장소를 제공하는 것 역시 포함된다.

섬세함

프랑스인은 섬세한 접근에 대한 가치를 인정한다. 그들은 상대방이 제시하는 분석에는 반응하지만 끈질기게 강매하는 모습에는 호응하지 않는다. "다른 곳을 찾아보고 있습니다."라는 표현을 하기보다 대체 가능한 공급업체가 있을 수 있다는 암시를 전달하는 편이 더 나은 결과를 얻을 가능성이 크다. 프랑스인은 공격성이 가득한 질문보다 논쟁을 선호한다. 그들은 직접적인 비난에는 거부 반응을 보이기 때문에 책임을 질 수도 있는 사람보다는 문제에 집중하는 것이 중요하다.

계약

계약서를 작성할 때 프랑스인은 정확성을 고집할 것이다. 구두 계약은 서면 동의의 예비 단계에 불과해서 법적 구속력이 없다. 기록된 문서에 서명하기 전이라면 최종적인 결정으로 간주할 수 있는 것은 아무것도 없다.

프랑스인은 상황에 따라 나중에 계약 조건을 수정하길 원하기도 하지만 상대방에게 같은 너그러움을 보이지는 않는 편이다.

비즈니스 식사

프랑스인은 라틴인이다. 따라서 음식과 마실 거리가 관계를 형성하고 돈독히 하는 데 중요하다고 믿는다. 계약을 따내려고 애쓰는 쪽이 식사비를 지불하는 것이 일반적이다. 또한 환대에 보답하는 것 역시 중요하다. '더치페이'는 프랑스인에게는 용납되지 않는다.

09

의사소통

프랑스인은 활발하게 대화하는 걸 즐기고 상대방이 세상에 일어나고 있는 일들을 잘 알고 있
길 기대한다. 활발하고 격렬한 토론은 상대방이 몰두하고 있다는 신호로 받아들여도 좋다.
상대방이 자주 끼어들수록 몰입도가 높다고 받아들이면 된다.

대면 만남

【 인사 】

프랑스에서 파티나 비즈니스 미팅에 참석했다고 생각해보자. 프랑스인에게 첫인상이 중요한 만큼 악수와 눈을 마주치는 행동 역시 중요하다. 미소를 꼭 지을 필요는 없기 때문에 혹시 프랑스인이 미소 짓지 않더라도 놀랄 필요는 없다.

공공장소에서 잘 모르는 사람과는 '봉주르 머시우'나 '봉주르 마담'을 시작으로 일반적 인사를 나누거나 좀 더 가볍게 '봉주르'하기도 한다. 남성 여성이 모여 있는 곳에서는 '봉주르 머시우 담'이 적절하다. 상대가 어린이가 아니라면 인칭대명사 '투'를 쓰지 않는다. 대신 상대를 가리킬 때는 항상 '부'를 쓴다. 프랑스인은 대체로 격식을 차린다. 프랑스인이 영어로 말하더라도 최소한 초반에는 신중함을 유지하는 것이 좋다.

프랑스인 중에는 '장 끌로드'나 '장 폴' 혹은 '마리 루이스'처럼 두 음절로 된 이름을 가진 사람이 많다. 장 끌로드의 이름은 '장'이 아니라 '장 끌로드'이다.

【 무슨 이야기를 해야 할까? 】

자연스럽게 이야기를 나누는 기술은 중요하다. 프랑스인은 활발하게 대화하는 걸 즐기고 상대방이 세상에 일어나고 있는 일들을 잘 알고 있길 기대한다. 인터넷을 통해 뉴스나 시사 문제뿐만 아니라 사소한 소문까지도 알아두고 신문 머리기사를 통해 사람들이 어떤 얘기를 나누는지 파악한다. 프랑스 속담에는 이런 말이 있다. '재치 있는 것만으로는 충분하지 않다. 그 지혜를 어떻게 활용하는지가 중요하다.' 그러므로 무엇을 말하는지도 중요하지만 어떻게 말하는지도 마찬가지로 중요하다. 상대가 놀랄 만한 통찰력이나 의견을 드러내면 사람들은 관심을 갖고 계속 이야기를 나누고 싶어 할 것이다. 오늘 재치 있다고 느껴지지 않더라도 걱정하지 않아도 괜찮다. 지적인 문제에 대한 관심과 의견을 나누고 싶은 의지가 있거나 상대방의 견해에 관심을 가질 수 있다면 그걸로도 충분하다. 한 영국인 기금 모금인은 프랑스에서 자신이 성공하는 데 필요했던 건 딱 한마디, "오, 그래?"였다고 자신 있게 말했다. 상대방이 하고 싶은 얘기를 계속할 수 있도록 유도하면서 그 주제에 대해 자신이 가진 풍부한 지식을 전달했다는 것이다.

프랑스인은 자신의 와인 컬렉션이나 식당, 스포츠를 주제로 이야기하는 걸 즐기며 상대방이 프랑스에 대해 어떤 인상을 느끼고 있는지에 관심이 많다. 미국인이나 영국인이 편하게 주고받을 만한 대화 주제라도 프랑스인은 꺼리는 경우도 많다는 사실을 기억해두면 좋다.

가족

프랑스인에게 가족은 사적인 영역이다. 프랑스인이 먼저 꺼내지 않는다면 내 가족에 대해 언급하지 말고 상대방의 가족에 대해서도 묻지 않는 게 좋다. 하지만 애완동물, 특히 애완견은 좋은 대화거리가 될 수 있다.

나이와 급여

자신의 나이와 급여에 대해 언급한다면 매너가 나쁜 사람으로 여겨지기 쉽다. 다니고 있는 회사의 이직률 역시 언급을 피하는 게 좋다.

정치, 종교, 건강

일반적인 주제에 대한 논의는 괜찮겠지만 투표를 어떻게 했는지 교회를 언제 어디로 가는지, 앓고 있는 병이나 상담사를 언급하는 것은 지나치게 개인적인 문제이므로 피하는 것이 좋다.

유머

프랑스인은 재치와 말장난으로 웃음을 유발하기 때문에 영국인의 냉소적인 유머 감각과 어긋날 수 있다. 유머를 추구하기보다 매력 있는 사람이라는 인상을 주는 편이 훨씬 낫다. 반드시 기억해야 할 사실은 성차별적이거나 인종차별적인 표현, 혹은 야한 농담은 피해야 한다는 점이다.

전쟁에 대한 언급은 피한다.

프랑스는 제2차 세계대전과 알제리 독립전쟁이라는 큰 전쟁을 겪었다. 인도차이나에서 일어났던 베트남 독립전쟁을 목록에 추가하는 사람도 있을 것이다. 전쟁을 겪으면서 많은 가족은 힘든 시간을 건뎌냈기 때문에 평화로운 대화 도중 자신도 모르게 오래된 상처를 떠올리게 될 수 있다. 그렇긴 해도 프랑스인은 정치에 대한 논쟁은 즐기는 편이다. 하지만 프랑스 정치에 대한 부정적 견해보다는 다른 방향으로 대화를 이끌어가는 편이 낫다. 특히 세계화는 감정을 자극하는 주제가 될 수 있다.

다시 한 번 강조하자면 이 책에서 언급하는 내용은 일반적인 조언일 뿐이다. 대화 상대에 맞춰 상황별로 대처하는 게 좋다. 만일 대화를 시작해야 한다면 이 책에서 제시하는 내용을 참고하길 바란다. 프랑스인과의 대화는 대체로 짧고 가볍게 하는 게 좋다. 프랑스인은 미국인이나 영국인이 토론을 너무 길게 끌고 가거나 독점하는 버릇이 있다고 늘 지적한다. 가벼운 수다를 나누고 상대편의 이야기에 끼어들고, 상대가 끼어들면 듣기도 하며 대화를 이어나가는 태도가 성공적 대화의 특징이다.

보디랭귀지

프랑스인은 대화할 때 손을 다양하게 활용한다는 사실은 널리 알려져 있다. 요란스러운 몸짓은 프랑스인에게 너무도 일반적이며 특히 남부로 갈수록 몸짓이 더 두드러진다. 프랑스인은 미국인이나 영국인보다 상대방에게 가까이 서는 경향이 있다. 앵글로색슨족은 상대방과 60센티미터 정도 거리를 두는 걸 선호하지만 프랑스인은 30센티미터 정도로 가까이 있어도 불편해하지 않는다. 또한 프랑스인은 정말 웃을 만한 상황이 아

니라면 억지로 미소 짓지 않는다. 프랑스인은 미국인이나 일
부 영국인이 나누는 일반적 친밀감을 진심이 아니라고 생각하
기 때문에 불신하는 경향이 있다. 품위 있는 과묵함을 유지하
는 것이 가장 안전한 방법이다. 이와 유사하게 지나치게 편안
한 자세를 취하게 되면 가정 교육을 잘못 받았다는 인상을 주
기 십상이다. 구부정하지 않게 바른 자세로 앉고 팔꿈치는 식
탁에 올리지 않는다. 하지만 요즘은 음식이 나오는 사이 팔꿈
치를 식탁에 편하게 올리는 프랑스인이 늘어나고 있는 건 사
실이다. 항상 자신의 신체와 감정을 완벽히 조절할 줄 아는 사

람으로 보이는 게 비법이 될 수 있다.

자신의 움직임을 통제하듯이 목소리 역시 조절해야 한다. 프랑스 자녀들은 목소리를 높이지 않도록 교육받는다. 공공장소에서 큰 소리로 말하는 모습으로 가정교육을 잘못 받은 사람이라는 오해를 살 수도 있다. 분명하게 말하는 것 역시 중요하다. 하지만 목소리를 높이거나 소리치는 것은 금물이다. 강한 어조와 큰 목소리로 자신을 표현하는 게 익숙하다면 목소리를 낮추는 게 좋다.

프랑스어

지금까지 살펴본 바와 같이 프랑스어는 프랑스 문명이 나은 명예로운 유산이다. 프랑스어를 표준화하고 다듬는 역할을 하는 '아카데미 프랑세즈'는 미국 영어 특유의 표현이나 광고 용어, 컴퓨터 소프트웨어용 전문 용어로부터 프랑스어를 보존하는 데 아낌없는 노력을 기울이고 있다. 프랑스어는 한때 외교 언어였으며 프랑스인들은 영어가 패권을 장악하고 있는 현 상황에서도 그 사실이 잊히길 원하지 않는다는 사실은 기억해야 할 부분이다.

영어 사용이 프랑스어를 어떻게 망가뜨리고 있는지 프랑스 언론에서는 때때로 설전이 벌어지기도 한다. 그리고 그 결과는 광고에 영어 단어를 사용하는 회사에 대한 공판에 실질적인 영향을 주기도 한다. 모든 법적 계약은 프랑스어로 작성되어야 하며 1994년부터 광고, 제품 라벨, 설명, 공공 사인은 반드시 프랑스어로 써야 한다. 외국어로 제시되어 있다면 프랑스어로 번역되어야 한다.

프랑스어에서는 표준 프랑스어만 사용되지는 않는다. 앞서 살펴본 바와 같이 프랑스 국민의 21퍼센트는 지역 방언을 이해하고 말하기도 한다.

> ## • 광고에 미친 영향 •
>
> 영국의 천연 화장품 브랜드 더바디샵은 1996년 자사 헤어트리트먼트 크림에 '노 프리즈(곱슬거림 없음)'라는 용어와 페이셜 클렌저에 '파인애플'이라는 용어를 썼다는 이유로 프랑스에서 벌금을 물게 되었다. 이처럼 현지 조사를 제대로 하지 않으면 불필요한 비용을 쓰게 될 수 있다.

알자스 지방에서는 독일어 방언이 사용되고 프랑스 남부는 프로방스 방언뿐만 아니라 카탈로니아어, 스페인어, 바스크어까지 쓰인다. 코르시카에서는 이탈리아어 방언을 사용하며 서부 브리타니에서는 브르타뉴어를 비롯한 다양한 지역 방언을 사용한다.

그뿐만 아니라 북아프리카 이민자들은 아랍어와 자국 언어를 병행해서 쓰기도 한다.

우편

프랑스의 우체국은 PTT로 부르고 월요일부터 금요일 오전 9시에서 오후 7시까지, 토요일은 정오까지 문을 연다. 12시 30분부터 2시까지 점심시간에 문을 닫는 곳도 있다. 우체통은 노란색이다.

우표는 대부분의 담배 가게에서 살 수 있고 엽서를 같이 팔기도 한다. 담배 가게에서 우표를 사면 우체국에서처럼 줄을 서지 않아도 되는 이점이 있다. 프랑스의 우편 시스템은 믿을 만한 서비스를 제공한다.

【 주소 】

프랑스의 각 지역에는 다섯 자리 우편번호가 매겨져 있다. 첫 두 자리는 데파르트망을 나타내고 나머지 세 자리는 도시를 가리킨다. 파리는 75번이고 나머지 세 자리는 파리 아롱디스 망을 나타낸다. 75008은 파리의 여덟 번째 아롱디스망이다. 이곳은 에투알 개선문에서 샹젤리제 거리로 이어지는 길을 나타내는 주소이기도 하다.

수신인 이름은 줄이지 않고 이름과 성을 빠짐없이 쓰고 성을 먼저 쓰기도 한다.

도시나 마을의 아파트 주소가 'Apartement no. 3 au troisième étage à gauche'로 표기되어 있다면 3번 아파트 3층의 왼쪽 집이라는 뜻이다. '구시'는 왼쪽, '드와트'는 오른쪽이다. 그다음 도로 이름과 숫자를 쓰고(예: 8 Rue de Berri), 도시 번호와 이름을 마지막에 쓴다. 파리에 사는 누군가에게 편지를 보낸다면 주소는 다음과 같이 쓰게 될 것이다.

Madame Francine Dufour

Apt 14 à gauche

8 Rue de Berri

75008 Paris Cedex

France

세덱스는 업무용 우편물을 전담하는 배달 서비스이다.

전화

프랑스의 전화번호는 지역 번호를 포함해서 열 자리 숫자로

되어 있다. 프랑스의 국가 코드는 33이므로 33 뒤에 파리는 1, 서부는 2, 동부는 3, 남동부와 코르시카는 4, 남서부는 5를 붙인다. 전화번호로 열 자리 숫자를 받았다면 그대로 쓰면 된다. 여덟 자리 숫자라면 지역 코드를 추가해야 한다. 프랑스 내에서는 0을 추가한다(예: 파리는 01). 프랑스 밖에서 전화를 건다면 먼저 국가 코드 33을 누르고 0을 제외한 지역 번호를 누른 다음 전화번호를 누르면 된다.

프랑스 밖으로 전화를 건다면 00을 누르고 국가 코드를 누른다.

수신자 부담 전화번호는 주로 008로 시작하며 휴대전화 번호는 06으로 시작한다.

소셜 미디어

프랑스에서 소셜 미디어는 복잡한 문제를 안고 있다. 다양한 소셜 미디어 플랫폼이 사회 전반에 걸쳐 이용되고 스마트폰을 보유하고 있는 국민은 70퍼센트에 달한다. 하지만 사생활을 중시하는 프랑스 국민에게 점차 커지고 있는 소셜 미디어의 영

향력은 늘 논란의 대상이 되어왔다. 일상생활을 서서히 잠식하는 소셜 미디어에 대한 반감에 따라 프랑스 정부는 소셜 미디어 사용을 줄일 수 있는 정책을 도입하기 시작했다. 학교에서 휴대전화 사용을 금지하는 조치가 2018년 도입되었고 라디오나 텔레비전에서 페이스북이나 트위터를 언급하는 행위는 2011년부터 불법이 되었다. 부모는 자녀의 사진을 공유하지 않도록 권고받고 있다. 성인이 된 자녀가 사생활 침해로 부모를 고소할 수도 있기 때문이다.

정부가 이렇게 노력을 기울였지만 다른 국가와 마찬가지로 프랑스에서도 스마트폰과 소셜 미디어가 사람들이 서로 소통하는 방식을 완전히 바꿔놓았다. 프랑스 국민의 약 60퍼센트가 적어도 한 가지 소셜 미디어 플랫폼을 이용하고 있고 18세에서 24세 사이 연령대는 무려 93퍼센트가 소셜 미디어를 이용한다. 이제 전화보다 왓츠앱, 페이스북 메신저, 스냅챗 등의 메신저로 대화를 주고받는 게 더 익숙해진 이들이 많아졌고 페이스타임이나 스카이프를 통한 화상통화 역시 늘고 있다. 코로나19 사태로 이런 현상은 더 두드러지고 있으며 이제 아무리 열성적인 신기술 반대자들조차 신기술의 유용성을 부인할 수 없게 되었다. 페이스북과 트위터 같은 소셜 미디어 플랫폼이 가장 널리 사용되고 있으며 인스타그램, 스냅챗, 유튜브 역시 인기를 끌고 있다. 프랑스에서 유용하게 쓸 만한 앱 목록은 부록을 참조하면 된다.

결론

외국인들의 관점에서 프랑스인은 늘 모순된 모습을 보여왔다. 지난 수 세기에 걸쳐 프랑스를 방문한 사람들은 프랑스를 사랑하고 감탄하면서도 동시에 못마땅해하고 좌절감을 느끼기도 했다. 마크 트웨인은 "프랑스에는 겨울도 없고 여름도 없을 뿐만 아니라 도덕성도 없다. 그 부분을 제외하면 프랑스는 괜찮은 나라이다."라고 농담처럼 말했다. 미국인 여행가 존 포니는 1867년 발간된 『유럽에서 온 편지』에서 "영국에서 프랑스로 이동하면 마치 한 행성에서 다른 행성으로 간 것처럼 느껴진다."라고 기술했다.

그런 까닭에 프랑스인에게조차 프랑스는 모순이 가득한 나라이다. 지금은 고인이 된 샤를 드 골 전 프랑스 대통령은 "프랑스는 친구가 없다. 오직 이해관계만 있다."라고 말했다. 프랑스의 철학자 볼테르는 1777년 한 편지에 "프랑스인에게는 호랑이의 모습과 원숭이의 모습이 항상 공존한다."라고 썼다. 나폴레옹 황제는 "프랑스인은 모든 것에 대해 항상 불평을 늘어놓는다. 그러므로 프랑스인을 허영으로 다스리는 건 쉽다."라고 말했다. 이 같은 견해는 프랑스인의 스타일을 반영하면서도 프랑스인이 얼마나 섬세하고 계산적으로 자기 이익을 추구하는지 보여준다.

프랑스를 오가는 현명한 여행자들은 이 같은 프랑스인의 모순을 사랑하면서 프랑스와 주요 도시들이 가진 아름다움과

순수하게 지적이고 감각적인 열기를 즐긴다. 깨질 수밖에 없는 규칙과 무너질 수밖에 없는 장벽은 모두에게 저항하기 힘든 해방감을 준다. 유럽에서 가장 격식을 차리는 프랑스에서 우리는 모든 게 가능하다고 느낀다. 때로는 말 그대로 모든 것이 가능하다. 변해가는 국제 정세 속에서 프랑스는 유럽연합의 대들보로서 중요하고도 특별하게 이바지하게 될 것이다.

알아두면 유용한 애플리케이션

여행과 교통

RAPT, Citymapper : 파리와 일드프랑스 지역에서 길을 찾을 때 유용한 앱이다. 목적지를 입력하면 지하철, 버스, 트램, 기차, 공영 자전거 혹은 도보로 갈 수 있는 길을 안내한다. 실시간 교통상황을 제공하고 지역에서 가능한 일정도 제공된다.

Ulmon : 다운로드 가능한 고해상도 지도를 제공한다. 추천 장소나 호텔이 제공되며 사용자 리뷰를 참조할 수 있다.

G7, Kapten, Heetch, Uber, Le Cab : 택시 앱

Lime, Tier, Dott : 전동 스쿠터 대여 앱(2020년 9월을 기점으로 파리에서 허가받은 곳은 이 세 곳뿐이다.) 앱을 다운로드하고 계정을 개설한 후 타려는 스쿠터의 QR코드를 스캔하면 이용할 수 있다. 인도로 달리지 않도록 하고 자전거 전용 도로를 이용한다.

EcoWalks : 파리의 떠오르는 지역과 아름다운 곳 혹은 붐비지 않는 숨겨진 보석 같은 공간을 안내한다.

먹거리와 쇼핑

UberEATS, Deliveroo, Just Eat : 음식 배달앱

LaFourchette : 레스토랑을 찾거나 메뉴와 리뷰를 볼 수 있고 예약도 가능하다. 영어로도 제공되지만 영어로 번역되지 않은 콘텐츠도 있다. 앱을 통해 예약하면 할인을 받을 수 있는 곳도 있다.

Vivino : 레스토랑에서 맛있는 와인을 맛보았다거나 선물로 와인을 추천받고 싶다면 이용할 만한 앱. 세계에서 가장 큰 와인 커뮤니티이다. 와인 라벨을 사진으로 찍고 이름을 입력하면 리뷰를 볼 수 있고 구매도 가능하며 배달 서비스도 제공한다.

Brocabrac : 근처 시장이 열리는 날이나 중고 물품 세일 혹은 벼룩시장에 관한 정보를 찾아볼 수 있다.

그 밖에 프랑스에서 가장 인기 있는 온라인 쇼핑 플랫폼과 앱은 Amazon.fr, eBay, Cdiscount, Veepee, Rakuten 등이다.

커뮤니케이션

프랑스에서 가장 인기 있는 메신저: WhatsApp, Facebook Messenger, Signal, iMessage 등

친구를 사귀거나 데이트 상대를 찾을 수 있는 앱: Tinder, Bumble, Happn, Meetic, Badoo, AdopteUnMec 등

번역 앱: TripLingo, Larousse Dictionary, Le Conjugueur, FluentU 등

Ardagh, John. *France in the New Century*. London: Penguin Books, 2000.

Asselin, Gilles and Mastron, Ruth. *Au Contraire*. Maine: US Intercultural Press, 2002.

Barlow, Julie and Jean-Benoit Nadeau. *The Bonjour Effect: The Secret Codes of French Conversation Revealed*. New York: St. Martin's Griffin, 2017.

Boucheron, Patrick and Stephane Gerson. *France in the World: A New Global History*. New York: Other Press, 2019.

Carroll, Raymonde. *Cultural Misunderstandings*. Chicago, Illinois: University of Chicago Press, 1990.

Cole, Robert. *France: A Traveller's History*. Moreton-in-Marsh, Gloucestershire: Windrush Press, 2000.

Hampshire, David. *Living and Working in France*. Fleet, UK: Survival Books, 2017.

Lewis, Richard D. *When Cultures Collide*. London: Nicholas Brealey Publications, 2000.

Marsh, Janine. *My Four Seasons in France*: A Year of the Good Life. London: Michael O'Mara, 2014.

Nadeau Jean-Benoit. *Sixty Million Frenchmen Can't Be Wrong: Why We Love France but Not the French*. Naperville: Sourcebooks, 2020.

Norwich, John J. *A History of France*. New York: Atlantic Monthly Press, 2018.

Platt, Polly. *French or Foe*? London: Culture Crossings, 2002.

Poirier, Agnès. *Touché*. London: Orion Books, 2007.

Poirier, Agnès. *Notre-Dame: The Soul of France*. London: Oneworld Publications, 2020.

Stéphane, Hénaut and Jeni Mitchell. *A Bite-Sized History of France: Gastronomic Tales of Revolution, War, and Enlightenment*. New York: The New Press, 2019.

Wadham, Lucy. *The Secret Life of France*. London: Faber and Faber, 2009

지은이

배리 토말린

배리 토말린은 영국인 작가이며 교육 담당자이자 문화적 인식과 국제 커뮤니케이션에 대해 강의하는 전문 강사이다. 버크벡 칼리지, 런던대학교, GCU 런던 쇼디치대학, 런던 비즈니스 스쿨에서 국제 비즈니스 커뮤니케이션을 중심으로 학생을 가르치고 있다. BBC 국제 방송에서 프로듀서와 진행자로 일하면서 60개국 이상에서 근무했으며 프랑스, 알제리, 프랑스령 서아프리카에서 살았다. 『세계 문화 여행』 시리즈 중 독일과 이탈리아 편의 저자이기도 하다.

옮긴이

김경애

이화여자대학교 통역번역대학원 한영번역학과를 졸업하였으며, 현재 번역에이전시 엔터스코리아에서 전문 번역가로 활동 중이다.

세계 문화 여행
시리즈